Kohlhammer

Die Autorin

Sabine Engelhardt-Pfister ist Bachelor of Business Administration, Business Coach (zert. nach EASC), Pflegepädagogin, Qualitätsbeauftragte und Krankenschwester.

Sabine Engelhardt-Pfister

Neue Mitarbeiter erfolgreich einarbeiten

5., aktualisierte Auflage

Verlag W. Kohlhammer

Dieses Werk einschließlich aller seiner Teile ist urheberrechtlich geschützt. Jede Verwendung außerhalb der engen Grenzen des Urheberrechts ist ohne Zustimmung des Verlags unzulässig und strafbar. Das gilt insbesondere für Vervielfältigungen, Übersetzungen, Mikroverfilmungen und für die Einspeicherung und Verarbeitung in elektronischen Systemen.

Die Wiedergabe von Warenbezeichnungen, Handelsnamen und sonstigen Kennzeichen in diesem Buch berechtigt nicht zu der Annahme, dass diese von jedermann frei benutzt werden dürfen. Vielmehr kann es sich auch dann um eingetragene Warenzeichen oder sonstige geschützte Kennzeichen handeln, wenn sie nicht eigens als solche gekennzeichnet sind.

Es konnten nicht alle Rechtsinhaber von Abbildungen ermittelt werden. Sollte dem Verlag gegenüber der Nachweis der Rechtsinhaberschaft geführt werden, wird das branchenübliche Honorar nachträglich gezahlt.

Dieses Werk enthält Hinweise/Links zu externen Websites Dritter, auf deren Inhalt der Verlag keinen Einfluss hat und die der Haftung der jeweiligen Seitenanbieter oder -betreiber unterliegen. Zum Zeitpunkt der Verlinkung wurden die externen Websites auf mögliche Rechtsverstöße überprüft und dabei keine Rechtsverletzung festgestellt. Ohne konkrete Hinweise auf eine solche Rechtsverletzung ist eine permanente inhaltliche Kontrolle der verlinkten Seiten nicht zumutbar. Sollten jedoch Rechtsverletzungen bekannt werden, werden die betroffenen externen Links soweit möglich unverzüglich entfernt.

5., aktualisierte Auflage 2024

Alle Rechte vorbehalten
© W. Kohlhammer GmbH, Stuttgart
Gesamtherstellung: W. Kohlhammer GmbH, Heßbrühlstr. 69, 70565 Stuttgart
produktsicherheit@kohlhammer.de

Print:
ISBN 978-3-17-045496-5

E-Book-Formate:
pdf: ISBN 978-3-17-045497-2
epub: ISBN 978-3-17-045498-9

Inhalt

Einleitung **9**

1 Ein guter Mitarbeiter fällt nicht vom Himmel ... **11**
    1.1   Einarbeitung – Bestandteil des Personalmanagements 13
        1.1.1   Beteiligte der Einarbeitung 14
        1.1.2   Werte und Unternehmenskultur in der Personalentwicklung 16
        1.1.3   Arbeitsrechtliche Aspekte der Einarbeitung 19
    1.2   Probleme bei der Integration in das Team 21
    1.3   Phasen der Einarbeitung 23
    1.4   Die Kostenseite der Einarbeitung 27
    1.5   Exkurs: Einarbeitung im interkulturellen Kontext 29
        1.5.1   Chancen für ein multikulturelles Team 29
        1.5.2   Herausforderungen multikultureller Teams 30
    1.6   Zusammenfassung 32

2 Organisation verschafft Erfolg **35**
    2.1   Organisatorisches bei der Neueinstellung 36
    2.2   Checkliste für die Personalabteilung 43

3 Vorbereitungen auf den neuen Mitarbeiter **46**
    3.1   Die Rolle der Führungskraft 47

	3.2	Die Rolle des Mentors	51
		3.2.1 Schlüsselqualifikationen	52
		3.2.2 Aufgaben eines Mentors	55
	3.3	Die Rolle des bestehenden Teams	56

4 Kommunikation und Gesprächsführung im Einarbeitungsprozess ... 59
    4.1 Die Planung einer guten Besprechung ... 61
    4.2 Das Einführungsgespräch ... 62
    4.3 Das Feedback-Gespräch ... 64
        4.3.1 Positives Feedback – Loben will gelernt sein ... 66
        4.3.2 Regeln für ein konstruktives Feedback ... 67
    4.4 Integration der Feedback-Gespräche in das Einarbeitungskonzept ... 69

5 Projektmanagement – ein Einarbeitungskonzept entwickeln ... 72
    5.1 Phasen, Arbeitspakete und Meilensteine eines Projekts ... 73
        5.1.1 Definitionsphase ... 73
        5.1.2 Planungsphase ... 74
        5.1.3 Realisierungs- und Abschlussphase ... 76
    5.2 Struktur und Aufbau des Einarbeitungskonzeptes ... 76
    5.3 Arbeitsanalysen ... 80
    5.4 Umsetzung und Evaluation der Einarbeitung ... 85
    5.5 Der Projektabschluss ... 88

6 Integration in das Team ... 90
    6.1 Definitionen »Team« und »Teamentwicklung« ... 91
    6.2 Die Phasen der Teamentwicklung ... 92

7 Goldene Regeln in der Einarbeitungsphase ... 95

8 Fazit – die gelungene Einarbeitung ... 98

Glossar ... 100

Literaturverzeichnis **101**

Einleitung

»*Der Einarbeitung neuer Mitarbeiter in einem Unternehmen kommt ein besonders hoher Stellenwert im Personalmanagement zu.*« Dies behaupten viele Experten. Aber findet dies in der Praxis immer Berücksichtigung?

Seit der Corona Pandemie gehen die Bewerberzahlen noch weiter zurück. Deutschland kann ohne Pflegekräfte aus dem Ausland die Pflege kaum noch sicherstellen. Auch die Zahlen der Menschen, die eine Pflegeausbildung aufnehmen, gehen kontinuierlich zurück. »Der Pflegereport der Bertelsmann Stiftung prognostiziert, dass die Zahl der Pflegebedürftigen bis 2030 um 50 Prozent steigt. Zugleich nimmt die Zahl derjenigen ab, die in der Pflege arbeiten. Demnach werden fast 500.000 Vollzeitkräfte in der Pflege fehlen, wenn sich die derzeiten Trends fortsetzen« (Schwenk, o. J.).
Es gibt jedoch Quellen, die von deutlich höheren Zahlen sprechen.

Dennoch: Viele gute Einrichtungen in der Gesundheitswirtschaft versuchen schon seit längerer Zeit, ihr Personal zu binden. Diese Einrichtungen, die einen Fokus darauflegen, bekommen auch Bewerbungen. Bei der Frage nach dem Gelingen, kann beobachtet werden, dass sie ihre Mitarbeiter als wichtigste Ressource sehen, sie binden, sie bilden und sich an ihren Kompetenzen orientieren. Sprich, sie haben in die Mitarbeiter investiert. Es gibt eine kooperative Führung, die die Stärken der jeweiligen Mitarbeiter fokussiert, es gibt flexible Arbeitszeiten für Arbeitnehmer/-innen mit Kindern und es gibt ein betriebliches Gesundheitsmanagement. Dieses sind nur die Anfänge der Aufzählung.

Eine der wichtigsten Investitionen ist und bleibt jedoch die professionelle Einarbeitung neuer Mitarbeiter. Aus der oben beschriebenen Situation, aber auch schon aus gegebenem Anlass heraus, könnte es eine kleine Herausforderung sein, Pflegekräfte einzuarbeiten, die noch Sprachbarrieren haben und/oder aus einer völlig anderen Kultur kommen. Dieses muss jedoch unbedingt als Chance gesehen werden. Ebenfalls soll hier betont werden, dass Pflegekräfte anderer Kulturen eine sehr große Bereicherung für Pflegeeinrichtungen darstellen. Deutschland ist schon lange multikulturell. Daher haben wir neben der Chance mehr Pflegekräfte zu gewinnen, auch die Chance, Bewohner, Kunden oder Patienten aus anderen Kulturkreisen besser zu verstehen oder ihnen ein besseres Verständnis für ihre Bedürfnisse bieten zu können.

Aus diesem Anlass heraus, besteht das Ziel dieses Buches weiterhin darin, Ihnen einen guten Überblick für die professionelle Einarbeitung zu bieten.

Um dieses zu erreichen, werden zunächst die Grundlagen erörtert, mit denen sich Unternehmen auseinandersetzen sollten. Es werden die Phasen der Einarbeitung, die Konflikte in der Einführungsphase und ein Exkurs zur Einarbeitung im interkulturellen Kontext aufgeführt (▶ Kap. 1), bevor auf die organisatorische Seite der Einarbeitung eingegangen wird (▶ Kap. 2). Im 3. Kapitel werden alle Rahmenbedingungen zur Vorbereitung einer professionellen Einarbeitung erläutert (▶ Kap. 3). Dieses beinhaltet vor allem die Auswahl und die Rolle eines Mentors bzw. einer Bezugsperson, die den neuen Mitarbeiter unterweist und einarbeitet. Kapitel 4 wird der Kommunikation während der Einarbeitung gewidmet, was in der Einarbeitung eine fundamentale tragende Säule darstellt (▶ Kap. 4). Um dieses alles nun in der Praxis gut umsetzen zu können, gibt die Autorin zur Thematik im Kapitel 5 einen Überblick über die Methodik des Projektmanagements (▶ Kap: 5). Das 6. Kapitel handelt von der Integration des neuen Mitarbeiters in das Team (▶ Kap. 6). Goldene Regeln schließen im Kapitel 7 an, bevor Begriffe im Glossar erläutert werden und die Autorin mit dem Fazit schließt (▶ Kap. 7).

> Legen Sie in der heutigen Zeit des Fachkräftemangels Ihren Fokus auf eine qualifizierte Einarbeitung. Planen Sie sie und schaffen Sie Identifikation. Sie können den neuen Mitarbeiter, wenn Sie schon einen bekommen, nur dadurch halten. Bedenken Sie: Der neue Mitarbeiter ist Ihr interner Kunde!

1 Ein guter Mitarbeiter fällt nicht vom Himmel

Wehret den Anfängen!

Durch die Diagnosis Related Groups (DRG) – dem Entgeltsystem der Krankenhäuser – verkürzten sich die Liegezeiten der Patienten. Hierdurch werden mehr Pflegekunden in den Kliniken aufgenommen und nach einer viel kürzeren Zeit auch wieder entlassen. Auch sind die Pflegekunden, die stationär in ein Krankenhaus eingewiesen werden, deutlich schwerer krank, da mit Inkrafttreten des Gesundheitsmodernisierungsgesetzes der Grundsatz »ambulant vor stationär« zunehmend zum Tragen kam. Zudem steigen die Qualitätsanforderungen und Kundenerwartungen stetig an. Dieses zur Sicht in den Krankenhäusern und Kliniken.

In der stationären Altenpflege können wir ebenfalls beobachten, dass die Menschen, die in ein Pflegeheim einziehen, deutlich älter und multimorbider sind. Neue Formen der Versorgung, wie die Tages- sowie die ambulante Pflege und Betreuung, sichern, dass jeder Mensch so lang wie möglich in seinem eigenen Umfeld wohnen kann. Diese für uns gesellschaftlich durchaus positive Entwicklung führt jedoch für die Mitarbeiter in der Pflege zu deutlich höheren qualitativen und quantitativen Belastungen. Der hoch brisante Fachkräftemangel in der Pflege, erschwert zunehmend die Situation in allen hier genannten Pflegebereichen. Oftmals muss die Organisation auf Leiharbeiter zurückgreifen, um die Pflege zu sichern. Ständig wechselndes Personal führt jedoch nicht nur in jedem Team zu einer immensen Unruhe, sondern ebenfalls dort, wo Pflege ankommen soll, nämlich beim Pflegekunden. Die Einarbeitung findet kaum noch statt oder es werden in der Praxis Zeiträume von zwei Tagen bis zu einer Woche für eine Einarbeitung beschrieben. Um Identifikation zu schaffen und einen innovativen Mitarbeiter langfristig an das Unternehmen zu binden, reicht diese Zeit bei weitem nicht aus.

Um den aktuellen und zukünftigen Herausforderungen der ambulanten und stationären Versorgung von Pflegekunden gerecht zu werden, brauchen Unternehmen verlässliche, inspirierende, begeisterte, flexible und fachlich kompetente Mitarbeiter, die sich mit ihrem Unternehmen identifizieren und sich gebunden fühlen. Dieses macht eine sorgfältige und fachlich fundierte Einarbeitung und weiterführende Personalentwicklung notwendig. Nur hierdurch können wichtige unentdeckte Potenziale wahrgenommen und gefördert werden, die dem Unternehmen den entscheidenden Wettbewerbsvorteil verschaffen.

Lernziele Kapitel 1

In diesem Kapitel erfahren Sie etwas über die theoretischen Grundlagen bei der Einarbeitung neuer Mitarbeiter. Diese beziehen sich im Wesentlichen auf die Phasen, die ein Mitarbeiter während der Einarbeitung durchläuft, die Probleme, die durch eine nicht fundierte Einarbeitung entstehen können, sowie deren Bewältigung. Ebenfalls wird im Exkurs auf die Chancen und Herausforderungen multikultureller Teams eingegangen.

Mit der Einarbeitung neuer Mitarbeiter beginnt die komplexe Aufgabe der Personalentwicklung. Der Gesetzgeber hat hierzu eine klare Haltung, die besagt, dass der Arbeitgeber zu einer Einweisung neuer Mitarbeiter verpflichtet ist (§ 81 Abs. 1 BetrVG).

Der neue Mitarbeiter durchlebt während der gesamten Eingliederung verschiedene Phasen, in denen Unsicherheiten bestehen und Ängste aufgebaut werden. Seine Werte und Normen, die er für sich verinnerlicht hat und nach denen er lebt, prallen nun auf die Unternehmenskultur und -werte. Ihre Aufgabe wird es sein, dem neuen Mitarbeiter die Werte und Ziele des Unternehmens sowie seine Aufgaben darzustellen und ihm seine Rolle innerhalb der Unternehmensstruktur zu verdeutlichen.

Trotz allem können während der Eingliederung in das Team Konflikte auftreten, die mit Feedback-Gesprächen, einer guten Gesprächskultur und viel Empathie zu vermeiden sind.

1.1 Einarbeitung – Bestandteil des Personalmanagements

Die Einarbeitung neuer Mitarbeiter ist eine Aufgabe innerhalb der Personalentwicklung (PE) und wird als Training-into-the-Job bezeichnet. Sie liegt an der Schnittstelle zur Personalauswahl, hat vielfältige Inhalte und beschäftigt unterschiedliche Personen.

Nach Peterke (2021, S. 1) umfasst Personalentwicklung unterschiedliche Vorstellung: »Für die einen geht es um die Durchführung von einzelnen Seminaren. Andere verstehen den Gesamtprozess der Qualifizierung der Mitarbeiter im Unternehmen darunter. Wieder andere fassen den Begriff noch weiter und schließen alle Maßnahmen ein, die die Weiterentwicklung des Unternehmens fördern, also neben der Qualifizierung der Mitarbeiter auch die Unterstützung bei Problemlösungen, Change Management, Teamentwicklung, Workshops und Strategieklausuren.«

Aus dieser Definition wird deutlich, dass Personalentwicklung – und damit auch das Training-into-the-Job – zielgerichtet und anhand einer exakten Methodik ablaufen muss. Sie beinhaltet nicht nur die Weitergabe von fachlichem Wissen, sondern auch die Vermittlung von Unternehmenswerten und der Unternehmenskultur. Gerade in Zeiten zunehmenden Wettbewerbs, und gerade im Hinblick auf den Fachkräftemangel, müssen die notwendigen strukturellen Veränderungen auch innerhalb von *Non-Profit-Organisationen* transparent gemacht und kommuniziert werden. Dieses muss vor allem dann fokussiert werden, wenn Sie neue Mitarbeiter aus anderen Kulturkreisen einarbeiten.

Es reicht sicher nicht aus, dem neuen Mitarbeiter das Unternehmensleitbild in die Hand zu drücken und zu sagen: »Lesen Sie! Hier finden Sie unsere Werte und Zielsetzungen.« Wer will, dass ein Mitarbeiter die Werte des neuen Unternehmens übernimmt, muss dem neuen Mitarbeiter die Chance geben, diese zu prüfen und zu verinnerlichen. Es sollte begeisternd sein, sodass die Visionen, Werte und Zielsetzungen so erklärt werden, dass sie beim neuen Mitarbeiter Bilder entstehen lassen. Der neue Mitarbeiter muss eine Sinngebung erfahren. Er sollte sich selbst in dem Gesamtgefüge der Organisation wiederfinden. Optimal wäre sicherlich, wenn die Aussagen des Leitbildes, sprich die Philosophie, ohnehin in der Organisation spürbar wären. Dies erfordert innerhalb der Einarbeitungszeit ausreichend Freiraum.

In einer stationären Einrichtung der Altenpflege wird jeder Mitarbeiter in die Weiterentwicklung der Unternehmenskultur eingebunden. Zweimal pro Jahr finden in dem Unternehmen Workshops statt, in dem die Mitarbeiter ihre Werte anhand der grundlegenden Werte des Unternehmens überprüfen und anpassen. Der Workshop kann bis zu drei Tage dauern. Hierzu wird ein externer Moderator eingeladen, der das Unternehmen bereits kennt. In jedem Jahr konnten die Unternehmenswerte und die -kultur weiterentwickelt werden. Die beteiligten Mitarbeiter zeigten sich jedes Mal positiv überrascht über die Möglichkeit der Beteiligung. So leistet ein Unternehmen einen erheblichen Teil zur Mitarbeiterbindung.

1.1.1 Beteiligte der Einarbeitung

Die Einarbeitung neuer Mitarbeiter muss, begründet durch den vorherrschenden Fachkräftemangel, einen hohen Stellenwert in einem Unternehmen einnehmen. Dementsprechend muss diese Aufgabe auch an höchster Stelle im Unternehmen implementiert werden. Es reicht nicht aus, nur für das Qualitätsmanagement und damit für die

Prüforgane Einarbeitungskonzepte und Checklisten vorzuhalten, damit sie gezeigt werden können. Mitarbeiter spüren sofort, wie glaubwürdig das Vorhaben wirklich ist, und es ist vor allem auch ein Zeichen dafür, wie zukünftig die Personalentwicklung in der Organisation gelebt wird. Heruntergebrochen auf die nachfolgenden Ebenen in einem Unternehmen gibt es weitere Beteiligte mit entsprechenden Aufgaben.

> Die Einarbeitung beschäftigt unterschiedliche Positionen bis hin zum Top-Management. Wo wir früher von der Personalauswahl gesprochen haben, ist es heute umso wichtiger, mit dem Bewerber, der sich auf die Stelle beworben hat, ein Auswahlgespräch zu führen. Vielfach nimmt sich der Geschäftsführer Zeit dafür. Mit einem Fachvorgesetzten, dem Betriebsrat/der Mitarbeitervertretung und weiteren Beteiligten wird entschieden, ob der Bewerber eingestellt werden soll. Aber Achtung – Einstellung nicht um jeden Preis! Ein neues Teammitglied sollte genau die Stärken aufweisen, die in dem Team fehlen. Auch wenn heutzutage jede Hand in der Pflege gebraucht wird, ist dennoch nicht jeder Bewerber passend.

Noch vor dem ersten Arbeitstag sollte der direkte Vorgesetzte für Fragen des neuen Mitarbeiters zur Verfügung stehen. An seinem ersten Arbeitstag wird der neue Mitarbeiter von ihm begrüßt und in das Team eingeführt. Auch im weiteren Verlauf der Einarbeitung ist der direkte Vorgesetzte als Ansprechpartner und letztendlich beurteilende Person gefragt. Ein Praxisanleiter oder Mentor – eine Bezugsperson aus dem Team – wird dem Mitarbeiter schließlich zur Seite gestellt. Dieser begleitet den Mitarbeiter im Rahmen seiner weiteren Integration. Des Weiteren sind die Mitarbeitervertretung, die Personalabteilung, der Betriebsarzt und weitere Stellen an der Einarbeitung insofern beteiligt, als dass diese Stellen eventuelle Fragen oder administrative sowie weitere Aufgaben in Bezug auf den neuen Mitarbeiter bearbeiten müssen.

In einem Krankenhaus nehmen der Geschäftsführer und die Pflegedienstleitung an jedem Vorstellungsgespräch eines Bewerbers in der Pflege teil. Ihnen ist wichtig, dass der potenzielle neue Mitarbeiter auch sie als Ansprechpartner kennen lernt. Für die Einarbeitung eines neu eingestellten Mitarbeiters in der Pflege ist die jeweilige Station zuständig. Hier ist die Stationsleitung die Führungskraft, die den Mentor bestimmt und die soziale Integration vornimmt. Die Pflegedienstleitung wird regelmäßig über den Stand der Integration informiert.

1.1.2 Werte und Unternehmenskultur in der Personalentwicklung

Die Philosophie und damit die Werte (Leitbild) einer Organisation sollten heutzutage in allen Einrichtungen fühlbar bzw. erlebbar sein. Sie sind es aber nicht immer. Häufig erleben wir Negativismus in der Pflege, da das Gefühl entsteht »Wir stehen ja doch mit allem allein«. Oder »Wir müssen ja immer sparen, es geht *denen* nur ums Geld«. Ja das ist sicher auch so, aber dennoch sind wir gut! Wir leben in ständigen Veränderungsprozessen, sei es durch die Prüforgane oder das hausinterne Qualitätsmanagement. Dennoch schauen wir auch viel zu viel auf das, was stört – und viel zu wenig darauf, wie gut wir unter diesen Rahmenbedingungen unsere Tätigkeiten ausführen. Zum Teil ist es auch ein Ergebnis von Führung. Führung muss sich ebenfalls neuen Konzepten widmen. Konzepte, die viel mehr Wert darauflegen, positiv zu führen und Mitarbeitern den Sinn für ihre Tätigkeiten, den Sinn für Veränderungen zu schildern.

> »Sinnerleben im beruflichen Handeln ist eine zentrale Voraussetzung für Motivation. Wenn Sinnverlust als Erfahrung dominiert, leidet die Leistungsfähigkeit der gesamten Organisation, die Unternehmenskultur (…) wird beschädigt.« (Peterka, 2021, S. 41)

> »Personalentwicklung muss darauf antworten und Möglichkeiten schaffen, wie Menschen immer wieder neu und zudem auch schnell Verbindungen knüpfen und sich zugehörig fühlen können. Aus Zugehörigkeit entsteht Loyalität zu einer Gruppe, vor deren Hintergrund sich Loyalität zu einem Unternehmen überhaupt erst entfalten kann. Sie ist eine wichtige Grundlage für Mitarbeiterbindung. Dies ist eine noch dramatisch unterschätzte Dimension des heutigen Arbeitslebens, das zusehends von virtuellen, flu-

iden und zeitlich begrenzten Organisationsmodellen gekennzeichnet ist« (Peterka, 2021, S. 42).

In Zeiten des Wettbewerbs müssen – in Abhängigkeit von der Marktstellung des Krankenhauses, Altenpflegeheims, Pflegedienstes etc. – mit neuen Führungskonzepten, mit neuen Visionen schlüssige Unternehmensstrategien im Rahmen eines genauen langfristigen Handlungsplans festgelegt werden, um die definierten Ziele zu erreichen. Sonst bleiben jegliche Visionen angedachte Träume. Auch dies muss im Einvernehmen mit der Unternehmenskultur vorgenommen werden. Aus den Visionen heraus stellen die Ziele eine elementare Größe des Unternehmens dar.

> Ein Ziel ist »etwas, worauf jemandes Handeln, Tun o. Ä. ganz bewusst gerichtet ist, was jemand als Sinn und Zweck, angestrebtes Ergebnis seines Handelns, Tuns zu erreichen sucht« (Dudenredaktion, o. J.).

Ziele können SMART formuliert werden, um ihre Überprüfbarkeit und Erreichbarkeit auch zu sichern:

S = Spezifisch: Das heißt, sie sollten eindeutig formuliert sein.
M = Messbar: Ziele müssen messbar gestaltet sein. Können hier keine Zahlen oder Fakten beschrieben werden, müssen Sie an den Endzustand denken und diesen beschreiben.
A = Aktuell, annehmbar: Ziele müssen durch Sie erreichbar sein, mit Ihrem Handeln.
R = Realistisch: Sie müssen den Endstand treffen können.
T = Terminiert: Ziele müssen unbedingt terminiert sein, den klaren Endzeitpunkt benennen, um hier auch überprüfbar zu sein.

Die SMART-Formel kann eine Methode sein, um bestehende Konzepte neu zu erarbeiten. Die Anwendung der Formel ist aber nicht immer hilfreich – vor allem nicht, wenn man innovativ denkt und aus Visionen neue Ziele ableiten möchte. Oft, so beschreibt es Ebner (2019), hat die akribische Suche nach Formulierungen der einzelnen Akronymen den Charakter, dass es innovative Ideen umzusetzen eher verhindert (vgl. Ebner, 2019).

Ziele haben viele Funktionen: Sie geben uns Orientierung und bestimmen unsere Richtung. Sie selektieren und koordinieren im Bereich unserer Prioritäten und unser Handeln. Ziele haben, wie schon oben beschrieben, eine hohe Motivationsfunktion. Ebenfalls haben Ziele eine Kontrollfunktion und sichern damit unseren Erfolg. Ziele können und sollen heute viel mehr begeistern – als dass man sie nach einer Formeln formuliert.

> Ziele und gemeinsames, zielorientiertes Handeln bestimmen den Erfolg eines Unternehmens. An ihnen orientiert sich die gesamte Steuerung, Orientierung, Koordination, Selektion und Bewertung unserer Tätigkeiten. Ziele haben zudem auch eine Motivations- und Anreizfunktion.
>
> Reflektieren Sie Ihre Unternehmensziele (Organisationsziele, Abteilungsziele, Bereichsziele …)!
>
> _____
> _____
> _____
> _____
> _____
>
> - Sind Ihre Unternehmensziele allen Mitarbeitern bekannt?
> - Wenn ja, dann achten Sie darauf, dass Sie auch zukünftig für ausreichend Transparenz sorgen.
> - Wenn nein, sollten Sie zügig für mehr Transparenz sorgen.
> - Wenn Sie sich nicht sicher sind, befragen Sie Ihre Mitarbeiter doch einmal zu den Zielen.

Ein Ziel zu erreichen ist ein Meilenstein zum Erfolg. Sie kennen aus Ihrem beruflichen Alltag die Pflegeziele innerhalb des Pflegeprozesses. Bei der Planung Ihrer Pflegemaßnahmen hinterfragen Sie, welches Ziel Sie damit erreichen wollen und wozu das Erreichte dient (Zweck). Sie beschreiben die Ziele möglichst nah und positiv, denn umso schneller sind sie zu erreichen, und Ihre Mitarbeiter sind motiviert. Sind die Ziele zu hochgesteckt, lässt der Erfolg sehr lange auf sich warten.

Bei der Einarbeitung neuer Mitarbeiter vermitteln Sie die Unternehmensziele, Bereichsziele, Qualitätsziele usw. Auch der neue Mitarbeiter hat Ziele im Hinblick auf seine Person, seinen Beruf, seine Einarbeitung. Daher ist es notwendig, mit ihm seine Ziele zu besprechen, sie zu kennen und sich auch daran zu orientieren. Eventuelle Zielkonflikte können nur dadurch gelöst werden, dass Sie sie ansprechen und nach einer gemeinsamen Lösung suchen.

> Personalentwicklung beginnt schon zielorientiert mit der Einstellung eines neuen Mitarbeiters. Der Auswahl des neuen Mitarbeiters muss ein Anforderungsprofil zu Grunde liegen.

1.1.3 Arbeitsrechtliche Aspekte der Einarbeitung

Die Fluktuation in der Probezeit ist hoch und fast immer ein Indikator für die Arbeitszufriedenheit. Von diesem Phänomen sind auch Einrichtungen im Sozial- und Gesundheitswesen betroffen. Die Kündigungen demotivieren die verbleibenden Mitarbeiter und führen zu einem Imageverlust nach innen und außen. Kurz vor dem Ende der Probezeit wird eine Beurteilung eines neuen Mitarbeiters erstellt. Diese Beurteilung ist für den neuen Mitarbeiter ausschlaggebend für »sein oder nicht sein«. Ohne adäquate Einarbeitungsphase ist diese Beurteilung nicht nur unmenschlich, sondern arbeitsrechtlich nicht vertretbar.

> »Der § 81 Betriebsverfassungsgesetz (BetrVG) **Unterrichtungs- und Erörterungspflicht des Arbeitgebers«** stellt sicher:
>
> (1) Der Arbeitgeber hat den Arbeitnehmer über dessen Aufgabe und Verantwortung sowie über die Art seiner Tätigkeiten und ihre Einordnung in den Arbeitsablauf des Betriebes zu unterrichten. Er hat den Arbeitnehmer vor Beginn der Beschäftigung über die Unfall- und Gesundheitsgefahren, denen dieser bei der Beschäftigung ausgesetzt ist, sowie über die Maßnahmen und Einrichtungen zur Anwendung dieser Gefahren und

> die nach § 10 Abs. 2 des Arbeitsschutzgesetzes getroffenen Maßnahmen zu belehren.
> (2) Über Veränderungen in seinem Arbeitsbereich ist der Arbeitnehmer rechtzeitig zu unterrichten. Absatz 1 gilt entsprechend.
> (3) In Betrieben, in denen kein Betriebsrat besteht, hat der Arbeitgeber die Arbeitnehmer zu allen Maßnahmen zu hören, die Auswirkungen auf Sicherheit und Gesundheit der Arbeitnehmer haben können.
> (4) Der Arbeitgeber hat den Arbeitnehmer über die aufgrund einer Planung von technischen Anlagen, von Arbeitsverfahren und Arbeitsabläufen oder der Arbeitsplätze vorgesehenen Maßnahmen und ihre Auswirkungen auf seinen Arbeitsplatz, die Arbeitsumgebung sowie auf Inhalt und Art seiner Tätigkeit zu unterrichten. Sobald feststeht, dass sich die Tätigkeit des Arbeitnehmers ändern wird und seine beruflichen Kenntnisse und Fähigkeiten zur Erfüllung seiner Aufgaben nicht ausreichen, hat der Arbeitgeber mit dem Arbeitnehmer zu erörtern, wie dessen berufliche Kenntnisse und Fähigkeiten im Rahmen der betrieblichen Möglichkeiten den künftigen Anforderungen angepasst werden können. Der Arbeitnehmer kann bei der Erörterung ein Mitglied des Betriebsrates hinzuziehen«. (§ 81 BetrVG)

Zudem sind die entsprechenden Sozialgesetzbücher, für die nach § 108 SGB V zugelassenen Kliniken im § 135a SGB V, für die Altenpflege im § 112 die folgenden §§ 113, 114 SGB XI, die im Rahmen der Audits des Qualitätsmanagements handlungsleitend sind, zu berücksichtigen. Daher ist die systematische konzeptionelle Einarbeitung auch qualitätsrelevant für jede Organisation.

Aus diesen Gesetzgebungen lässt sich ein klarer Handlungsbedarf ableiten. Hier wurde erkannt, dass eine erfolgreiche Einarbeitung die Schlüsselvoraussetzung für den Aufbau positiver Einstellungen zum Unternehmen, seinen Werten und Zielen ist. Wertet ein neuer Mitarbeiter die Anfangsphase des Arbeitsverhältnisses positiv, so wird seine Leistungsbereitschaft langfristig ansteigen.

> Eine hohe Fluktuation führt Ihrem Unternehmen einen hohen Schaden zu. Widmen Sie deshalb der Einarbeitung neuer Mitarbeiter eine hohe Aufmerksamkeit, dann können Sie neue Mitarbeiter auch halten und binden.

1.2 Probleme bei der Integration in das Team

Ein neuer Mitarbeiter begegnet bei der Einführung in das Unternehmen über einen langen Zeitraum gewachsenen und gefestigten sozialen Strukturen. Er muss sich im Führungs- und Mitarbeiterkreis einfinden. Kieser thematisierte 1985 aus mehreren Studien zehn Arten von Konflikten, die bei der Einführung neuer Mitarbeiter häufig entstehen (Kieser, 1985):

- *Einarbeitungskonflikte:* Der Mitarbeiter wird nicht aufgabenorientiert eingearbeitet, sondern erlebt die tägliche Routine. Einarbeitungskonflikte sind in der Art der Einarbeitung begründet.
- *Quantitative Rollenübertragung:* Der neue Mitarbeiter wird durch das Alltagsgeschehen überfordert. Er hat kaum Zeit, die große Anzahl der ihm aufgetragenen Aufgaben zu erledigen.
- *Professionskonflikte:* Im Gegensatz zur Überforderung wird diese Konfliktart durch eine Unterforderung ausgelöst. Die hohe Qualifikation des neuen Mitarbeiters steht in keinem Zusammenhang mit der jetzigen Tätigkeit.
- *Rollenambiguität:* Diese Konfliktart entsteht durch ein mangelndes Rollenverständnis des neuen Mitarbeiters. Es gibt keine Definition für seine Tätigkeiten.
- *Kompetenzkonflikte:* Durch einen nicht abgeklärten Kompetenzbereich entstehen Kompetenzüberschreitungen.

Im Rahmen der Einarbeitung eines neuen Mitarbeiters in ein Krankenhaus kam es zu einem Streit zwischen dem neuen Mitarbeiter und der Pflegedienstleitung. Diese stellte fest, dass der Mitarbeiter Aufgaben übernimmt, die er aufgrund seiner Qualifikationen nicht ausüben darf. Er rechtfertigte sich damit, dass er diese Tätigkeiten auch bei seinem vorherigen Arbeitgeber übernehmen musste. Die Pflegedienstleitung stellte weiterhin fest, dass vergessen wurde, diesem neuen Mitarbeiter eine Stellenbeschreibung auszuhändigen. Sie gab ihm daraufhin eine Stellenbeschreibung für seine Stelle, ging mit ihm die zu bearbeitenden Aufgaben durch und klärte auch die Kompetenzen und Verantwortlichkeiten.

- *Konflikte in der Tätigkeitsdefinition:* Dieser Konflikt ist durch ein Missverhältnis begründet, das sich auf formale Aspekte bezieht (z. B. fehlende Handlungsspielräume).
- *Feedback-Defizit:* Hier fehlt es dem neuen Mitarbeiter an einer Rückmeldung hinsichtlich seiner Leistung und seines Verhaltens. Er kann sich nicht einschätzen und Unsicherheiten entstehen.
- *Intragruppenkonflikte:* Diese Konfliktart beschreibt die sozialen Konflikte, die im Team auftreten können.
- *Entfremdung:* Der neue Mitarbeiter distanziert sich innerlich zunehmend von seiner Abteilung, weil seine Ideen und Werte keine Akzeptanz finden.

Betrachten Sie jeden entdeckten Konflikt als einen Gewinn. Konflikte verdeutlichen Unstimmigkeiten und Unzufriedenheit. Nur dadurch, dass diese in einen Konflikt münden, haben Sie eine Möglichkeit zur Lösung und sich zu verbessern. Konflikte sind Innovationen.

1.3 Phasen der Einarbeitung

In der sozialwissenschaftlichen Forschung wird die Sozialisation eines neuen Mitarbeiters in der Eingliederungsphase in mehreren Phasen differenziert (vgl. Althauser, 1982; ▶ Abb. 1).

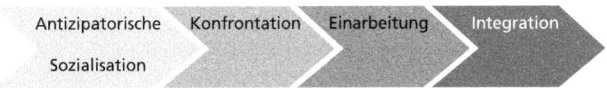

Abb. 1: Phasen der Sozialisation neuer Mitarbeiter

Phase 1: antizipatorische Sozialisation

Die »antizipatorische Sozialisation« meint eine vorwegnehmende Sozialisation.

Zum Verständnis von Sozialisation klären Hurrelmann und Bauer: »Sozialisation ist ein facettenreicher, spannungsgeladener Begriff. Sozialisation heißt, sozialisiert zu werden und in gewisser Hinsicht auch, sich selbst zu sozialisieren. Sozialisation ist ein Prozess, der von außen auf das Individuum einwirkt und der innen vom Individuum selbst gesteuert wird.« (Bauer,U./Hurrelmann, K. 2021)

Antizipatorische Sozialisation wird im Wirtschaftslexikon wie folgt definiert: »antizipatorische Anpassung, Bezeichnung für die Übernahme der Einstellungen, Normen und Werte einer Gruppe durch ein Individuum, das Mitglied dieser Gruppe werden möchte, es aber noch nicht ist.« (Wirtschaftslexikon, 2015)

Alle Erfahrungen und Lernergebnisse, die aus dem bisherigen privaten Leben, der Schulzeit und dem bisherigen beruflichen Umfeld zur Ausbildung von Werten und Normen führten, begleiten uns in die neue Arbeitsstelle. Schon mit diesem Aspekt entscheidet sich der Verlauf der Integration in das Unternehmen. Passen die vom neuen Mitarbeiter gebildeten Werte und Normen mit denen des Unternehmens zusammen? Je weiter die Schere hier auseinandergeht, umso schwieriger wird möglicherweise die Einarbeitung und Integration verlaufen.

In dieser Phase, die mit dem Vorstellungsgespräch beginnt und nach der Einstellungsentscheidung endet, werden Unsicherheiten, Ängste und Stress abgebaut, die der neue Mitarbeiter im Hinblick auf das neue Aufgabenfeld mitbringt.

Ziele in dieser Phase:

- Aufbau einer Vertrauensbasis
- Schaffung eines Orientierungsrahmens
- Steigerung der Motivation
- Förderung der Integration in das Team
- Abbau von Unsicherheiten und Ängsten und ggf. Sprachbarrieren

Things to do:

- Nach dem Vorstellungsgespräch: Kennenlernen der Führungskraft und der zukünftigen Mitarbeiter
- Anbieten eines Hospitationstages
- Vorstellen des Mentors
- Aushändigen und Erklären der Stellenbeschreibung und allgemeiner Informationen

Ein/e Mentor/Bezugsperson sollte genau ausgewählt werden. Wählen Sie aus Ihrem Team eine Person, bei der die Einarbeitung noch nicht zu lange her ist. Sie kann sich besser in die Lage des neuen Mitarbeiters hineinversetzen und kennt die Anforderungen besser als eine Mitarbeiterin, die schon über Jahrzehnte im Team arbeitet. Sie sollte zudem auch über eine hohe Sozialkompetenz und interkultureller Kompetenz verfügen. Bei Fragen kann die Bezugsperson sich an die Führungskraft wenden.

Phase 2: Konfrontation

Diese Phase erstreckt sich vom ersten Arbeitstag bis in die ersten Arbeitswochen. Der neue Mitarbeiter wird mit dem Missverhältnis seiner eigenen Erwartungen und dem wahren Arbeitsalltag konfrontiert. Bei der Bewältigung dieses Problems kann ein Realitätsschock auftreten, der den neuen Mitarbeiter desillusionieren und zu einer inneren Abwendung vom neuen Arbeitsplatz führen kann. Die im Vorfeld verteilten (Hochglanz-)Broschüren über die Institution verlieren hier schnell an Wert und werden kritisch hinterfragt. Aus diesem Grunde ist es entscheidend, diese Broschüren auch realitätsnah zu gestalten.

Ziele in dieser Phase:

- Schaffung eines Orientierungsrahmens
- Aufbau des Vertrauensverhältnisses
- Klärung der Rolle des neuen Mitarbeiters innerhalb des Teams und der Organisation

Things to do:

- Vorstellen der Institution am ersten Arbeitstag durch den Vorgesetzten
- Vorstellen des Mentors
- Erklären der Organigramme und Strukturen der Institution
- Erklären des Leitbildes und der Werte und Normen der Institution
- Vorstellen der Ergebnisse der letzten Teambildungsmaßnahme

Phase 3: Einarbeitung

In der Einarbeitungsphase werden die Ziele und Erwartungen beider Seiten bezüglich der Aufgaben des neuen Mitarbeiters und der Beziehungen evaluiert. Hier lernt der neue Mitarbeiter, sein Wissen und Können in den unternehmensspezifischen Arbeitszusammenhang zu bringen.

Die größte Gefahr in dieser Phase liegt in einer Unter- oder Überforderung des neuen Mitarbeiters. Diese beiden Phänomene sind innerhalb der gesamten Einarbeitungsphase in höchstem Maße zu berücksichtigen, da eine Überforderung zum Qualitätsverlust der erbrachten Arbeit und zur Berufsunzufriedenheit führen kann. Die Überforderung ist ein Merkmal der Unterqualifikation. Bei der Unterforderung, die ein Signal der Überqualifikation darstellt, entstehen bei dem betroffenen Mitarbeiter Gereiztheit und Frustration. Das kann bis zu einer »inneren Kündigung« führen. Dies hat wiederum erhebliche Auswirkungen auf das Arbeits- und Betriebsklima. Diese Phase stellt eine Gratwanderung dar, die einen regelmäßigen Austausch (Feedback) zwischen dem Mentor/Vorgesetzten und dem neuen Mitarbeiter erfordert.

Ziele in dieser Phase:

- Vermeiden von Unter- oder Überforderung
- Vermeiden von Konfliktsituationen (▶ Kap. 1.2)
- Vertrauensbildende Maßnahmen

Things to do:

- Gehen Sie konzeptionell vor (Einarbeitungskonzept vorhanden?).
- Führen Sie Feedback-Gespräche, auch im Hinblick auf die Erstbeurteilung in der Probezeit.

Besprechen Sie mit dem neuen Mitarbeiter frühzeitig das Mitarbeiterbeurteilungssystem und integrieren Sie die Punkte in die Feedback-Gespräche. So sind Sie auch arbeitsrechtlich auf der sicheren Seite und der Mitarbeiter erhält eine faire Orientierung!

Phase 4: Integration

Der Mitarbeiter identifiziert sich mit dem Unternehmen. Er hat sich in seiner Rolle eingefunden und kann sich in die bestehenden

Strukturen einfügen. Er versteht die Zusammenhänge. Aus seinen einzelnen Eindrücken hat er ein Gesamtbild gewonnen.

Ziele in dieser Phase:

- weitere Förderung des Mitarbeiters im Rahmen der Personalentwicklung (Förderung, Bildung, Coaching …)
- Stärkung seiner Persönlichkeit (Förderung der Sicherheit in Bezug auf sein eigenes Verhalten, Förderung der sozialen Integration)
- Förderung seines ergebnisorientierten, eigenständigen und eigenverantwortlichen Handelns

Things to do:

- Pflegen Sie weiterhin eine regelmäßige Kommunikation in Form von Mitarbeiter- und Fördergesprächen.
- Binden Sie den »neuen« Mitarbeiter in Arbeits- oder Projektgruppen mit ein. Das Unternehmen erwartet konstruktive Vorschläge auch von diesem Mitarbeiter.
- Geben Sie ihm genügend Freiraum, um sich selbst zu organisieren.

Mit der erfolgreichen Einarbeitung eines neuen Mitarbeiters erfüllen Sie seine Erwartungen und die Erwartungen des Unternehmens. Zufrieden, motiviert und fehlerfrei kann die Arbeitstätigkeit auf diese Weise erbracht werden.

1.4 Die Kostenseite der Einarbeitung

Eine misslungene Einarbeitung bzw. eine Kündigung vor Ablauf der Probezeit verursacht für das Unternehmen sehr hohe Kosten (Opportunitätskosten). Die Stelle muss erneut ausgeschrieben werden, das Bewerbungs- und Auswahlverfahren startet abermals und eine erneute Einarbeitungsphase beginnt. Ein Mentor muss wiederum viel Zeit aufbringen, einen neuen Mitarbeiter in das Team zu integrieren. Dies muss allen am Einarbeitungsprozess beteiligten Personen stets transparent sein.

> »Es kostet rund 2 500 €, um einen Arbeitnehmer mit einem Stundenlohn von gerade einmal 6 € zu ersetzen, wenn man alle anfallenden Kosten dabei berücksichtigt. Eine Studie hat ermittelt, dass die Kosten für die Fluktuation auch davon abhängen, auf welcher Hierarchiestufe sich der Mitarbeiter befindet. Bei Mitarbeitern im unteren Management und auf der ausführenden Ebene liegen die Kosten etwa bei 30–50 % des Jahresgehalts. Im mittleren Management müssen Sie etwa mit 150 % rechnen. Spezialisten und Führungskräfte des Top Managements können bis zu 400 % eines Jahresgehalts kosten, bis sie vollständig ersetzt wurden.« (Personal-Wissen.de, o. J.)

Nach Aussage und Berechnung von Dr. Martin Ludwig (Gesundheitsökonom) kosten die ersten sechs Monate der Einarbeitung (Probezeit) mit einem freigestellten Mentor und einer einzuarbeitenden Pflegefachkraft ca. 50 000 €. Bei einer Führungskraft belaufen sich die Kosten auf ca. 70 000 €.

Eine schlechte Einarbeitung verursacht unnötige Kosten und sollte aus diesem Grund vermieden werden.

Eine gute Einarbeitung verursacht Kosten (▶ Abb. 2). Es müssen Einführungsgespräche stattfinden, Mentoren müssen bereitgestellt werden, Feedback-Gespräche müssen geführt werden und es wird ein Einarbeitungskonzept benötigt, das erstellt und gepflegt werden muss.

Die Kosten für eine gute Einarbeitung werden sich schnell amortisieren. Wer in einen neuen Mitarbeiter und die Einarbeitung investiert, wird im Ergebnis zufriedenere Mitarbeiter haben, die fehlerfreier ihre Aufgaben erledigen als schlecht eingearbeitete Mitarbeiter.

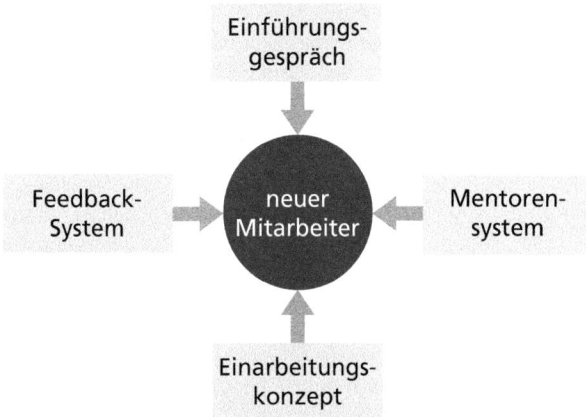

Abb. 2: Bestandteile einer guten Einarbeitung

1.5 Exkurs: Einarbeitung im interkulturellen Kontext

Steigt ein neuer Mitarbeiter ein, ist die Neugier und die Offenheit der Teammitglieder entscheidend. Im interkulturellen Kontext ist das genauso. Jedoch ist es wichtig, im Vorfeld zu analysieren, wie hoch die interkulturelle Kompetenz im Team ist. Fakt ist jedoch, dass durch das Betriebsverfassungsgesetz (BetrVG), wie auch durch das Allgemeine Gleichstellungsgesetz (AGG) Diskriminierungen aufgrund der Rasse, der Religion oder der Weltanschauung verboten sind.

1.5.1 Chancen für ein multikulturelles Team

Chancen für ein multikulturelles Team stellen die Erweiterung der sozialen Kompetenz jedes einzelnen Teammitgliedes, die Förderung der Kreativität und Innovation, sowie die Steigerung der Aufmerksamkeit und Sensibilität dar. Dieses geht meist mit der Erhöhung der Toleranz und Flexibilität einher. Insgesamt kann man auch beobachten, dass ein Team aufgrund dessen bei Problemen eine höhere Kompetenz in Bezug auf Lösungsansätze bietet (vgl. Lenthe, 2016).

Es gibt viele Chancen im Bereich des multikulturellen Teams. Als kleines Beispiel: Deutschland hat eine Vielzahl von Menschen mit Migrationshintergrund, die nun ebenfalls pflegebedürftig sind oder es in naher Zukunft werden. Zum Teil liegen bei ihnen Sprachbarrieren vor, wodurch eine professionelle Pflege qualitativ gefährdet werden könnte. Menschen mit Sprachbarrieren haben kaum Chancen, ihre Bedürfnisse klar zu kommunizieren. Wo Bedürfnisse nicht kommuniziert werden können, ist es schwierig, ganzheitliche aktivierende Pflege darauf abzustimmen. Lenthe (2016) hebt hervor, dass nicht verstandene Bedürfnisäußerungen bei den Pflegekunden Gefühle von Ohnmacht und Distanz hervorrufen, sie könnten sich als nicht angenommen fühlen. »Sprachprobleme führen auch dazu, dass die Pflegepersonen mit Migranten im Allgemeinen weniger Kontakt haben als mit anderen Klienten« (Lenthe, 2016). Aus dieser Herausforderung wird durch die Einstellung eines neuen Mitarbeiters aus demselben Kulturkreis eine Chance. Dennoch gibt es auch weitere Herausforderungen, die im nächsten Punkt weiter ausgeführt werden.

1.5.2 Herausforderungen multikultureller Teams

Die Herausforderungen liegen in der Einarbeitung vor allem in den Interaktionsproblemen und zwar genau bei Sprachbarrieren in Wort und Schrift. Dieses macht sich vor allem im Bereich der Dokumentation bemerkbar. Menschen mit Sprachbarrieren haben nicht selten Hemmungen zu sprechen. Etwas, was wir unterschätzen ist, dass Mitarbeiter aus anderen Kulturkreisen hören müssen, sich das Gehörte in ihrer Sprache übersetzen, dann Überlegen müssen, was sie darauf antworten, wieder übersetzen und aussprechen. Aus diesem Aspekt betrachtet wird deutlich, dass es länger dauert, bis geantwortet wird. Das heißt, es bedarf der Geduld (so ist es auch bei Pflegekunden!).

Weiterhin bestehen Unterschiedlichkeiten im Werteverständnis. Die im Kapitel 1.3 beschriebenen Phasen (▶ Kap. 1.3) – und an dieser Stelle besonders die »Antizipatorische Sozialisation« – stellt im interkulturellen Kontext eine noch höhere Bedeutung dar. Je nach Herkunftsland, Kultur, Religion und Weltanschauung haben sich unterschiedliche Werte und Normen gebildet. Aus dieser Erkenntnis heraus wird sichtbar, wie wichtig beispielsweise Teamentwicklungen sind (▶ Kap. 6).

Das Pflegeverständnis ist ein weiteres Merkmal, was im Team erarbeitet und vor allem bei einem neuen Mitarbeiter mit Migrationshintergrund erklärt werden muss. Unser Pflegeverständnis ist in der heutigen Zeit professionell. Das heißt, dass wir nach neuesten pflegewissenschaftlichen Erkenntnissen pflegen. Wir pflegen schon lange nicht mehr so, weil wir es schon immer so gemacht haben, sondern wir beziehen uns also mit den Erkenntnissen der Pflegewissenschaft auf eine ganzheitliche und aktivierende Pflege. Ganzheitlich heißt, wir pflegen Körper, Geist und Seele. Wir sehen Zusammenhänge und es ist unser Ziel – vor allem in der stationären Langzeitpflege – Wohlbefinden und Lebensqualität bei den Pflegekunden zu erzeugen. In verschiedenen anderen Kulturkreisen besteht Pflege vor allem darin, die medizinischen Dinge auszuführen, und andere pflegerische Tätigkeiten auf Hilfskräfte zu delegieren. Somit besteht ein medizinisches Pflegeverständnis. In einem Team ist eines wichtig: das ist die Einheit. Die Einheit von Werten, Zielen, Aufgaben – sowie ein einheitliches Verständnis von Pflege.

Im Bereich der jeweiligen Sozialisation des neuen Mitarbeiters kann es zu Missverständnissen im Kritik- und Konfliktmanagement kommen (vgl. Lenthe, 2016). Auch hier ist es wichtig, neue Mitarbeiter mit Migrationshintergrund aufzuklären, wie kritisiert wird, das kritisiert wird und vor allem, warum kritisiert wird (Kritik ist Förderung und damit stets konstruktiv). Dasselbe gilt im zwischenmenschlichen Miteinander. Konflikte gehören manchmal dazu, Dinge zu verbessern oder Innovationen anzustoßen. Aber eben nur dann, wenn sie angesprochen und nicht zugedeckt werden. Auch hier gibt es unterschiedliches Verhalten in verschiedenen Kulturen. Als

Führungskraft sollten Sie eine gute Transparenz über den Umgang mit Kritik und Konflikten geben.

> *Things to do:*
>
> - Binden Sie Mitarbeiter mit Sprachbarrieren unbedingt in die Kommunikation ein. Beziehen Sie sie aktiv in die Dokumentation mit ein.
> - Bieten Sie ggf. Sprachkurse an.
> - Erläutern Sie mit dem neuen Mitarbeiter das Pflegeverständnis.
> - Erläutern Sie dem neuen Mitarbeiter, was Sie unter Kritik verstehen, nämlich, dass sie zur Förderung dient, und damit dem neuen Mitarbeiter zur Unterstützung.
> - Erläutert Sie auch, wie Sie in der Einrichtung mit Konflikten umgehen.
> - Pflegen Sie in jedem Falle eine gute, offene Kommunikation, die die Vertrauensbildung fördert.
> - Führen Sie in jedem Falle eine Teamentwicklung durch (in Begleitung eines Coaches).

1.6 Zusammenfassung

Wenn wir inhaltlich dieses Kapitel zusammenfassen, wird deutlich, dass eine Einarbeitung ohne konzeptionellen Rahmen kaum gelingen kann. Die Führungskraft und der Mentor spielen in der Einarbeitung neben dem neuen Mitarbeiter die Hauptrollen. Ebenfalls müssen die Probleme im Rahmen der Integration eines neuen Mitarbeiters bekannt sein, um gegensteuern zu können. Nie war es wichtiger eine Einarbeitung anhand eines guten Konzeptes zu gestalten, wo ebenfalls die Werte der Unternehmung priorisiert werden. Die Einarbeitung im interkulturellen Kontext stellt Chancen aber auch Herausforderungen dar, da Sprachbarrieren beim neuen Mitarbeiter vorliegen können und es in einem multikulturellen Team einer Offenheit und Neugier aller Teammitglieder bedarf.

Einarbeitungskonzepte tragen sogar zu einer Verringerung der Kosten bei. In einem Einarbeitungskonzept sind definierte Abläufe beschrieben, die der Mitarbeiter früh kennen lernen soll. Auf diese Weise werden redundante und ineffiziente Arbeiten vermieden. Man knüpft so an den Vorteilen des Qualitätsmanagements an, wo Pflegestandards, Verfahrensanweisungen oder Prozessbeschreibungen ihren Sinn bekommen.

Argumente für ein Einarbeitungskonzept:

- Kündigungen während der Probezeit sollen vermieden werden.
- Einarbeitungskonzepte beinhalten alle wesentlichen Informationen, die ein neuer Mitarbeiter benötigt, um sich aufgabenorientiert und effizient in das Unternehmen zu integrieren.
- Einarbeitungskonzepte wirken sich kostensenkend aus.
- Es schafft Motivation bei dem neuen Mitarbeiter.
- Es bietet beiden Parteien einen guten Überblick über die zu erlernenden Inhalte.
- Regelmäßige Feedback-Gespräche vermeiden eine Unter- oder Überforderung bei dem neuen Mitarbeiter.
- Durch eine erfolgreiche Einarbeitung wächst die Identifikation mit dem Unternehmen.
- Eine erfolgreiche Einarbeitung lässt Mitarbeiterbindung und Commitment entstehen.

Things to do:

- In Zeiten des Fachkräftemangels braucht die Unternehmensführung Mitarbeiter, die sich mit dem Unternehmen identifizieren.
- Der Einarbeitungsexperte empfiehlt: »Erstellen Sie eine realitätsnahe Einführungsbroschüre, die dem neuen Mitarbeiter den gesamten organisatorischen Ablauf bei seiner Neueinstellung transparent macht.«

- Der Einarbeitungsexperte empfiehlt: »Entwickeln Sie Einarbeitungskonzepte mit integriertem Mentorensystem und regelmäßigen Feedback-Gesprächen.«
- Der Einarbeitungsexperte empfiehlt: »Erklären Sie Stellenbeschreibungen, ein Organigramm und Leitbild; händigen Sie dem neuen Mitarbeiter allgemeine Informationen zum Unternehmen, aus.«
- Der Einarbeitungsexperte empfiehlt: »Schauen Sie, ob der neue Mitarbeiter ggf. noch an Sprachkursen teilnehmen sollte«

Check

- Wo ist die Einarbeitung neuer Mitarbeiter innerhalb des Personalmanagements anzusiedeln?
- Wie lauten die arbeitsrechtlichen Hintergründe bei der Einarbeitung neuer Mitarbeiter?
- Welche Arten von Konflikten kennen Sie im Rahmen der Eingliederung neuer Mitarbeiter in Ihrer Einrichtung?
- Was versteht man unter der »antizipatorischen Sozialisation«?
- Beschreiben Sie die weiteren Phasen, die ein neuer Mitarbeiter im Eingliederungsprozess durchläuft. Warum ist eine erfolgreiche Einarbeitung eines neuen Mitarbeiters existenziell wichtig für das Unternehmen?
- Nennen Sie Argumente, die für ein Einarbeitungskonzept sprechen!
- Wie bereiten Sie die Einarbeitung im interkulturellen Kontext vor?

2 Organisation verschafft Erfolg

Informationen schaffen Vertrauen

Sie kennen die Situation: Man bewirbt sich bei einem Unternehmen, bekommt einen Arbeitsvertrag zugeschickt und dann? Dann vergeht eine kleine Ewigkeit und man fragt sich, wie und was kommt am ersten Arbeitstag auf mich zu? Was muss ich an Administration leisten? Wo muss ich mich vorstellen?

Schauen Sie einmal in die Informationsbroschüre Ihrer Einrichtung. Wem dient sie? Meist dient sie dem Pflegekunden zur Information und dem Unternehmen als Marketingstrategie. Wäre jedoch nicht auch ein Informationsmedium für neue Mitarbeiter sinnvoll? Durch die Beschreibung wesentlicher Elemente der antizipatorischen Sozialisation, der ersten Phase der Einführung eines neuen Mitarbeiters, wurde deutlich, dass Sie als Arbeitgeber eine Menge dafür tun können, damit sich der neue Mitarbeiter von Anfang an bei Ihnen aufgenommen fühlt. Denken Sie auch an Ihr internes Marketing! Je früher der neue Mitarbeiter Informationen erhält, desto eher beginnt er, sich mit Ihrem Unternehmen zu identifizieren. Er fühlt sich aufgenommener, sicherer und kann seine möglichen Ängste abbauen.

Dabei ist darauf zu achten, dass dieses Medium die Unternehmensrealität widerspiegelt. Unrealistische Informationen helfen hier nicht weiter, da eine Enttäuschung vorprogrammiert ist. Durch eine Informationsbroschüre für neue Mitarbeiter werden auch die internen organisatorischen Wege bei der Neueinstellung von Mitarbeitern kürzer. Viele Reibungsverluste können abgestellt werden, wenn die Planung verbessert und schriftlich dokumentiert ist. Das folgende Kapitel zeigt Ihnen die betroffenen Bereiche bei der Neueinstellung im Krankenhaus auf (was für jede Einrichtung adaptiert werden kann).

Lernziele Kapitel 2

In diesem Kapitel werden Ihnen alle organisatorischen Aspekte bei der Neueinstellung eines Mitarbeiters aufgezeigt. Des Weiteren erhalten Sie Informationen über die mögliche Struktur einer Informationsbroschüre.

> Informationsbroschüren gibt es in vielen Einrichtungen im Sozial- und Gesundheitswesen. Allerdings richten sich diese häufig an die Pflegekunden. Eher selten findet man ein solches Informationsmedium für neue Mitarbeiter. In diesem Kapitel werden die organisatorischen Wege beschrieben, die ein Mitarbeiter bei der Neueinstellung beschreiten muss. Der neue Mitarbeiter benötigt frühzeitig Informationen über das Krankenhaus, den Betriebsrat oder die Mitarbeitervertretung und über das Organisationsgefüge. Eine Checkliste hilft dabei, an alles Wesentliche im Rahmen der Einarbeitung zu denken. (Aber bitte übertreiben Sie es mit den Checklisten nicht, es gibt viel zu viele, aber nicht alle sind gut!)

2.1 Organisatorisches bei der Neueinstellung

Neue Mitarbeiter müssen während ihrer ersten Arbeitstage viele organisatorische Aspekte bewältigen. Sie müssen sich in der neuen Einrichtung orientieren, müssen allgemeine Informationen über die Einrichtung erhalten, sich in die Organisationsstruktur einfügen, persönliche Daten in die Personalabteilung geben, Schlüssel für Spinde, Parkausweise, Schulungen, EDV-Rechte bekommen, sich schnellstmöglich dem Betriebsarzt vorstellen, für ihre Rechte als Arbeitnehmer die Mitglieder des Betriebsrates kennen. Alles in allem sollten sie einen schnellen Einblick in alles Wissenswerte von A–Z bekommen.

Der Mitarbeiter muss in kurzer Zeit viele Informationen aufnehmen. Eine Informationsbroschüre hilft, Wichtiges nachzulesen und damit besser zu behalten.

Daher bietet es sich an, dem neuen Mitarbeiter eine Informationsbroschüre schon im Vorfeld auszuhändigen oder gegebenenfalls zuzuschicken. Er erhält so die Möglichkeit, sich in aller Ruhe und von zu Hause aus auf die neue Stelle vorzubereiten. In der Konfrontation mit dem realen Arbeitsumfeld ist der neue Mitarbeiter dadurch wesentlich besser vorbereitet.

Entscheiden Sie sich für die Erstellung einer Informationsbroschüre. Lassen Sie einem Mitarbeiter bereits vor dem ersten Arbeitstag wesentliche Informationen zukommen. Deutlich entspannter und wissender kann dadurch der erste Arbeitstag beginnen.

Informationsbroschüre

In einer Einrichtung wurde eine Informationsbroschüre für neue Mitarbeiter entwickelt. Die wesentlichen Fragen im Rahmen der Entwicklung einer solchen Broschüre sind exemplarisch auf den nachfolgenden Seiten skizziert und kommentiert. Nachfolgend finden Sie potenzielle Inhalte einer Informationsbroschüre für Ihre Einrichtung.

Wenn Sie noch keine Informationsbroschüre besitzen, setzen Sie sich bitte mit den verantwortlichen Stellen zusammen und sammeln im Rahmen eines Brainstormings alle wichtigen Aspekte, die der Mitarbeiter wissen muss. Sie können die nachfolgend beschriebenen Aspekte für die Informationsbroschüre in einem Krankenhaus als Leitfaden benutzen.

Inhalte der Informationsbroschüre: Allgemeines über die Einrichtung

Checkliste – Allgemeines

- Schreiben Sie einen netten Willkommensgruß für den neuen Mitarbeiter.
- Setzen Sie ein Foto von Ihrer Einrichtung auf die Titelseite.
- Erläutern Sie (vielleicht auch grafisch) den Aufbau der Einrichtung.
- Überlegen Sie: Was gibt es allgemein zu berichten? Disziplinen, Funktionsabteilungen, Betriebsstätten, Trägerschaft, Leitbild, Bettenanzahl, Zielsetzung.
- Nennen Sie den Träger der Einrichtung.
- Stellen Sie das Organigramm und das Leitbild der Einrichtung dar.

Inhalte der Informationsbroschüre: Die Personalabteilung

Der neue Mitarbeiter muss in der Personalabteilung seine persönlichen Unterlagen einreichen. Hier wäre es sinnvoll, die Mitarbeiter mit Foto, Namen und Telefonnummer vorzustellen. So kann der neue Mitarbeiter schon vor Beginn des ersten Arbeitstages verschiedene Fragen klären.

Checkliste – die Personalabteilung

Hinweis auf einzureichende Unterlagen:

- Personalfragebogen
- Berufsqualifikation
- Lohnsteuerauszug
- Sozialversicherungsausweis
- Bankverbindung
- Steuer ID
- Geburtsurkunde

- Kindergeldnachweis
- Antrag für vermögenswirksame Leistungen
- Datenschutzerklärung
- Einverständniserklärungen für Bild / Ton und social media
- Kopie Arbeitsvertrag

Besondere Unterlagen (für ärztliches Personal):

- Facharzturkunde
- Approbationsurkunde
- Rettungsdienstscheine
- Strahlenschutzscheine etc.

Hinweis auf Namensschild:

- Die Ausgabe des Namensschildes an den neuen Mitarbeiter erfolgt am … Dieses ist während der Dienstzeit von außen sichtbar auf der linken Brust zu befestigen.

Die aufgeführten Punkte sollten tabellarisch erfasst werden. Auf diese Weise können Sie abgehakt werden, wenn die Unterlagen vorliegen. Mit einem Blick ist erkennbar, was eventuell noch fehlt und nachgereicht werden muss.

Inhalte der Informationsbroschüre: EDV- und Betriebstechnik

Auch die Technik ist bei der Organisation einer Neueinstellung betroffen. Oft werden von hier aus EDV-Schulungen geplant, damit der neue Mitarbeiter das hausinterne Betriebssystem kennen lernt. Benutzer-Passwort und EDV-Rechte werden ebenfalls hier vergeben.

In vielen Einrichtungen im Sozial- und Gesundheitswesen existiert eine Info-Wand für Mitarbeiter. Auch neue Mitarbeiter sollten hier vorgestellt werden. In der Technik kann der neue Mitarbeiter fotografiert werden, sodass sein Bild, sein Name und sein Arbeitsplatz kurz vorgestellt werden können (Erklärung Datenschutz).

Checkliste – EDV und Betriebstechnik

Notwendige Maßnahmen:

- Schlüsselausgabe für Spinde oder Räume
- Parkausweis ausgeben
- Telefon-PIN für private Telefonate vergeben
- Diktiergeräte, Pieper für ärztliche Mitarbeiter bereitstellen
- EDV-Rechte vergeben
- EDV-Schulung anbieten

Inhalte der Informationsbroschüre: Betriebsarzt

Im Krankenhaus ist jeder neue Mitarbeiter durch den Betriebsarzt zu untersuchen. Diese Untersuchungen finden in einem zweijährigen Turnus und bei Dienstaustritt statt. Weiterhin erhalten neue Mitarbeiter wichtige Informationen über den Arbeitsschutz und die Arbeitssicherheit in ihrem Arbeitsbereich.

Checkliste – der Betriebsarzt

Notwendige Maßnahmen:

- Telefonnummer des Betriebsarztes bekannt geben
- Erstellen einer Regelung, wer den Termin bestimmt
- Angabe, wo sich der Betriebsarzt befindet
- Informationen über die Häufigkeit der betriebsärztlichen Untersuchung weitergeben
- Einstellen eines Fotos des Betriebsarztes

Inhalte der Informationsbroschüre: Betriebsrat/Mitarbeitervertretung

Zu allen arbeitsrechtlichen Fragen steht den Mitarbeitern der Einrichtungen der Betriebsrat oder eine Mitarbeitervertretung zur Verfügung. Um dem neuen Mitarbeiter eine Transparenz über die Mitglieder zu geben, empfiehlt es sich, diese ebenfalls mit jeweiligem Foto, Namen, Arbeitsbereich und Telefonnummern in die Informationsbroschüre zu stellen.

Inhalte der Informationsbroschüre: Cafeteria

Was im ersten Moment banal erscheint, ist dennoch wichtig. Auch für das leibliche Wohl muss gesorgt sein. Um auch hier eine Wiedererkennung herbeizuführen, sind die Mitarbeiter der Cafeteria ebenfalls zu fotografieren. Ferner ist die Telefonnummer anzugeben.

> **Checkliste – die Cafeteria**
>
> Notwendige Angaben:
>
> - Ausgabezeiten
> - Büfett
> - Menüwahl
> - Preisgestaltung

Inhalte der Informationsbroschüre: Wissenswertes von A–Z

Um weitere Informationen über die Einrichtung weiterzugeben, sollte der Punkt »A–Z« in der Broschüre implementiert werden. An dieser Stelle könnten Sie ein *Brainstorming* durchführen. Als Beispiel werden im Folgenden einige interessante Punkte für diesen Teil der Informationsbroschüre aufgeführt:

- Abteilungen und ihre Leitungen inklusive Erreichbarkeit
- Abfallbeseitigung, Brandschutz, Datenschutz, Hygienekommission, Qualitätsmanagement, Strahlenschutz – Wer ist zuständig?
- Innerbetriebliche Fort- und Weiterbildung – Gibt es ein Programmheft? Wo finden die Fortbildungen statt?
- Unfallmeldungen
- Krankmeldungen
- Dienstkleidung

- Dienstzeiten
- Einarbeitungskonzept
- EDV
- Parkmöglichkeiten
- Standards
- Zentralküche u. v. m.

Inhalte der Informationsbroschüre: Der erste Arbeitstag

Auf den letzten Seiten der Broschüre sollte der Ablauf des ersten Arbeitstages geschildert werden.

Checkliste – der erste Arbeitstag

- Die Begrüßung neuer Mitarbeiter findet immer um 8:00 Uhr im Büro des Geschäftsführers gemeinsam mit der zuständigen Führungskraft statt. Den weiteren Weg übernimmt die Führungskraft allein mit dem Mitarbeiter.
- Vorstellen in der Personalabteilung – Erledigung der beschriebenen Punkte
- Vorstellen im eigenen Arbeitsbereich: Team, Mentor
- Einführungsgespräch mit Mentor, Führungskraft und neuer Mitarbeiter
- Besichtigung und Vorstellung in der Einrichtung
- Erklären des Einarbeitungskonzeptes und der Einarbeitungsphase

Das Layout der Informationsbroschüre ist an die Marketingkriterien der vorhandenen Broschüren der Einrichtung anzupassen.

Beschreiben Sie die jeweiligen Punkte nicht zu detailliert. Bedenken Sie, dass die Broschüre bei personellen Veränderungen ständig überarbeitet werden muss. Drucken Sie aus diesem Grund nicht zu viele Exemplare vorab aus.

2.2 Checkliste für die Personalabteilung

Um die Arbeit der Personalabteilung zu vereinfachen, Sorge zu tragen, dass ausgegebene Schlüssel bei einer möglichen Kündigung auch wieder abgegeben werden, sicherzustellen, dass alle Speisen bezahlt wurden usw. ist es ratsam, auch hier eine Checkliste zu entwerfen.

Tab. 1: Checkliste für die Personalabteilung

Diensteintritt	Dienstaustritt
Betriebsarzt	
Einstellungsuntersuchung erfolgt:	Abschlussuntersuchung erfolgt:
_____	_____
Datum/Unterschrift	Datum/Unterschrift
Cafeteria	
	Außenstände sind bezahlt
	_____
	Datum/Unterschrift
Dienstbekleidung	
Beschaffung der Dienstkleidung	Abgabe der Dienstkleidung
_____	_____
Datum/Unterschrift	Datum/Unterschrift
Technik	
Ausgabe von Schlüsseln:	Abgabe von Schlüsseln:
_____	_____
_____	_____
Schlüsselnummern	Schlüsselnummern

Tab. 1: Checkliste für die Personalabteilung – Fortsetzung

Diensteintritt	Dienstaustritt
☐ Ausgabe von Diktiergeräten ☐ Ausgabe von Pieper ☐ Ausgabe von Parkausweis ☐ Ausgabe von Telefon-PIN ☐ Passwort/Kennwort für PC	☐ Abgabe von Diktiergeräten ☐ Abgabe von Pieper ☐ Abgabe von Parkausweis ☐ Abgabe von Telefon-PIN ☐ Passwort/Kennwort für PC
Datum/Unterschrift	Datum/Unterschrift
Personalabteilung	
Abgabe der Personalunterlagen: ☐ Personalfragebogen ☐ Approbationsurkunde ☐ Lohnsteuerkarte ☐ Facharzturkunde ☐ Sozialversicherungsausweis ☐ Rettungsschein ☐ Bankverbindung ☐ Strahlenschutzscheine ☐ Geburtsurkunde ☐ Kopie des Arbeitsvertrages ☐ evtl. Kindergeldnachweis ☐ Namensschild ☐ Antrag auf vermögenswirksame Leistungen ☐ Datenschutzverpflichtung	Die Unterlagen sollen an die folgende Adresse gesandt werden _____ _____ Abgabe des Arbeitszeitnachweises erfolgt _____ Datum/Unterschrift

Die Checkliste wird in der Personalabteilung archiviert. Beim Ausscheiden des Mitarbeiters erhält er diese wieder zurück, um die Abschlussuntersuchung zu koordinieren, evtl. Außenstände zu begleichen und die Dienstkleidung sowie Schlüssel abzugeben. Nach Erledigung dieser Wege bekommt der Mitarbeiter seine Unterlagen wie Lohnsteuerauszug etc. wieder ausgehändigt.

Die Einarbeitung des neuen Mitarbeiters umfasst zahlreiche Aspekte. Erstellen Sie eine Informationsbroschüre und Checklisten, die den komplexen Prozess der Einarbeitung vereinfachen. Gewinner werden der neue Mitarbeiter, das Unternehmen und der Pflegekunde sein.

Things to do:
Um die Einarbeitung möglichst effizient zu gestalten, sollten wiederkehrende Aspekte organisiert und dokumentiert werden.

- Der Einarbeitungsexperte empfiehlt: »Erstellen Sie eine umfassende Informationsbroschüre.«
- Der Einarbeitungsexperte empfiehlt: »Erstellen Sie eine Checkliste für die Personalabteilung.«

Check

- Nennen Sie die wesentlichen organisatorischen Wege, die ein neuer Mitarbeiter beim Diensteintritt gehen muss.
- Welche Vorteile bringt dem neuen Mitarbeiter ein Informationsmedium?
- Warum sollte die Informationsbroschüre an das hausinterne Marketing angepasst werden (z. B. Logo)?

3 Vorbereitungen auf den neuen Mitarbeiter

»Den Stil verbessern, das heißt den Gedanken verbessern.«

Dieses Zitat von Friedrich Nietzsche regt zum Reflektieren an: Ist die Einarbeitung neuer Mitarbeiter bislang konstruktiv verlaufen? Kennen wir nicht auch den harten Konkurrenzdruck untereinander, der in diesen Zeiten immer stärker wird? Sprechen wir nicht immer öfter von einer Professionalisierung der Pflege? Wo fängt bei Ihnen die Profession an? Bezieht Sie sich nur auf die Art der Pflege am Pflegekunden oder ist Profession nicht auch eine gute Investition in die neuen Mitarbeiter? Lösen wir auftretende Konflikte? Oder ist es vielleicht häufiger so, dass wir ihnen aus dem Wege gehen, sie verschweigen, sie ignorieren?

Eine gelungene Einarbeitung neuer Mitarbeiter zeigt sich grundsätzlich auf mehreren Ebenen. In diesem Kapitel werden die personellen Verantwortlichkeiten zur Einarbeitung neuer Mitarbeiter beschrieben. Denn eines ist gewiss: Eine Einarbeitung ist ein ganzheitlicher Prozess, der nicht nur kognitiv zu verstehen ist. Sie berührt nicht nur den Aufbau von fachlichem oder unternehmensspezifischem Wissen und Können, sondern erfordert in hohem Maße die Kompetenzen der Führungskraft und des Mentors.

Lernziele Kapitel 3

In diesem Kapitel lernen Sie, wie Sie einen geeigneten Mentor zur Einarbeitung neuer Mitarbeiter bestimmen. Sie erwerben Kenntnisse darüber, wie Sie Informationen über den neuen Mitarbeiter gewinnen und diese so verwenden, dass die Einarbeitung schon im Vorfeld sehr gut geplant werden kann.

Für die Einarbeitung neuer Mitarbeiter müssen im Vorfeld viele Informationen fließen. Des Weiteren muss eine personelle Auswahl für die Übernahme der Mentorentätigkeit geplant werden. Nicht jeder Mitarbeiter eignet sich für die Mentorentätigkeit. Hier ist ein besonderes Augenmerk auf die Schlüsselqualifikationen der Mitarbeiter zu legen, um einen geeigneten Mentor zur Einarbeitung neuer Mitarbeiter auszuwählen. Auch die persönliche Ebene darf nicht außer Acht gelassen werden.

3.1 Die Rolle der Führungskraft

Als Führungskraft tragen Sie die Verantwortung für die korrekte und vollständige Eingliederung des neuen Mitarbeiters in den betrieblichen Arbeitsprozess. Es liegt an Ihnen, welchen Eindruck der neue Mitarbeiter von seiner neuen Stelle und dem neuen Unternehmen erhält und wie sich dies auf seine zukünftige Arbeitsmoral auswirkt.

Denken Sie daran, dass Sie im Sinne des Unternehmens handeln! Sie sichern sich mit dem Stil Ihrer Einarbeitung eine wertvolle Ressource in Form eines motivierten und engagierten Mitarbeiters.

Eine Einarbeitung für den neuen Mitarbeiter zu planen heißt, schon Wochen vor Eintritt des Mitarbeiters mit der Planung und Vorbereitung zu beginnen. An erster Stelle stehen hier Informationen über den neuen Mitarbeiter.

Checkliste – Informationen über den neuen Mitarbeiter

- Wichtige Informationen erhalten Sie aus den Daten der Bewerbungsunterlagen und dem Vorstellungsgespräch. Sie können diese Daten analysieren und somit den voraussichtlichen Kenntnisstand erheben. Wichtig ist dies in Bezug auf mögliche

Unterweisungen an den Geräten der Medizintechnik oder in EDV-Schulungsprogrammen. Denken Sie daran, auch der EDV-Beauftragte muss frühzeitig planen!
- Müssen ggf. noch Sprachkurse organisiert werden?
- Müssen bei neuen Mitarbeitern aus anderen Kulturkreisen noch interne Fortbildungen zum Pflegeverständnis, zu den Werten der Unternehmung, Informationen zur Zusammenarbeit mit anderen Berufsgruppen, zum Verständnis Kritik- und Konfliktmanagement geplant werden?
- Das Protokoll des Vorstellungsgespräches können Sie mit der Stellenbeschreibung abgleichen und dadurch den Soll-Stand ermitteln. Sie erhalten hierdurch ein gutes Profil des neuen Mitarbeiters.
- Überprüfen Sie die Stellenbeschreibung. Ist sie auf dem neuesten Stand?

Einweisung

In einem Krankenhaus sind neue Medizingeräte eingekauft worden. Alle Mitarbeiter wurden bereits im Rahmen einer Schulung eingewiesen. Vor dem Einstieg des neuen Mitarbeiters (Herr Meier) trifft sich die Stationsleitung Frau Schmidt mit der Pflegedienstleitung, um den Kenntnisstand von Herrn Meier zu besprechen. Aus dem Protokoll des Bewerbungsgespräches geht hervor, dass er für die Bedienung der Geräte eine Einweisung benötigt. Frau Schmidt nimmt umgehend mit dem zuständigen und geschulten Mitarbeiter Kontakt auf, um eine Einweisung für Herrn Meier zu terminieren.

Aus diesem Beispiel geht hervor, dass auch ein Bewerbungsgespräch sehr gut vorbereitet und ein Protokoll darüber verfasst werden muss. So kann die Planung schon frühzeitig beginnen, damit der neue Mitarbeiter effizient seine Tätigkeit beginnen kann.

Checkliste – Vorstellungsgespräch

Name (Bewerber): _____
Datum des Gespräches: _____
Teilnehmer: _____
Bewerbungsunterlagen vollständig: ja ☐   nein ☐
Bezeichnung der vakanten Stelle: _____
Einsatzort: _____
Führungskraft: _____

Geschäftsführung:

- Vorstellung des Unternehmens
- Vorstellung des Anforderungsprofils

Fragen aus den Bewerbungsunterlagen:
_____
_____

Erwartungen des Bewerbers:
_____
_____

Ziele des Bewerbers; Pläne über Aus- und Weiterbildungen, Karriere:
_____
_____

Erfahrungen des Bewerbers aus vorheriger Tätigkeit:
_____
_____

Erwartungen an den neuen Mitarbeiter:
_____
_____

Fragen an das Unternehmen:
_____
_____

Persönliches Auftreten des Bewerbers:
sicher ☐
selbstbewusst ☐
gepflegtes Erscheinungsbild ☐
Kommunikationsverhalten: sehr gut ☐ gut ☐ ausreichend ☐
fachlicher Eindruck: _____
Sprachbarrieren: _____
Sprachkurs: _____

Gesprächsergebnis:

Arbeitsvertrag?
ja ☐   Leitbild aushändigen/verschicken
            Informationsbroschüre aushändigen/verschicken
            Personalabteilung, Betriebsarzt, Technik informieren

nein ☐   Absage formulieren

Des Weiteren sollten Sie Folgendes tun:

- Informieren Sie Ihre vorhandenen Mitarbeiter über die personellen Veränderungen.
- Treffen Sie eine Personalauswahl in Bezug auf die Übernahme der Mentorentätigkeit (▶ Kap. 2.2).
- Geben Sie Ihre gesamten Informationen über den neuen Mitarbeiter an den Mentor weiter.

3.2 Die Rolle des Mentors

»Die Tätigkeit einer erfahrenen Person, bspw. eines Managers (Mentor/in), die eine lernbereite Person, [...] Mentee, an ihrem fachlichen und impliziten Wissen und ihrer Erfahrungen teilhaben lässt.
Ziel ist u.a., die Mentees darin zu unterstützen, ihre berufliche Identität zu entwickeln und ihr aktuelles berufliches Handeln zu reflektieren. Daneben kann der Mentor dem Mentee den Zugang zu seinen Netzwerken eröffnen, ihm wichtige Entscheider vorstellen und ausgesprochene und unausgesprochenen Regeln in der Organisation erläutern. Formal zielt Mentoring auf die Förderung außerhalb des üblichen Führungskraft-Mitarbeiter-Verhältnisses. Mentoring ist damit eine auf die Teilnehmer fokussierte und geschützte Art der Beziehung. Was zwischen Mentee und Mentor besprochen wird, ist vertraulich. Sie vereinbaren miteinander, wie sie vorgehen wollen und welche Themen sie bearbeiten. Mentoring erfordert damit von beiden Seiten ein hohes Maß an Offenheit, Vertrauen und Engagement.« (Gabler Wirtschaftslexikon o.J.)

Verschiedene Studien haben gezeigt, dass neue Mitarbeiter während ihrer Einarbeitungsphase meist die Nähe einer hierarchisch gleichgestellten Person suchen, um sich in der Arbeitsweise an ihr zu orientieren und sich in betriebsinternen Strukturen belehren zu lassen. Die größere »Intimität« zu einer hierarchisch gleichgestellten Person beeinflusst den Kontakt des neuen Mitarbeiters zu seinem Mentor positiv. Aus diesem Grund ist ein Mentorensystem in einem Einarbeitungskonzept einzuführen.

Mentor

Die Pflegefachkraft Michaela hat häufig die Rolle der Mentorin inne. Sie ist sehr einfühlsam, fachlich kompetent und kommunikativ. Alle Mitarbeiter, die in der Einarbeitungszeit ihr zur Seite gestellt wurden, haben eine positive Rückmeldung zu diesem Einarbeitungselement gegeben.

Nicht jeder Mitarbeiter eignet sich für eine Mentorentätigkeit. Im besten Falle sollte der Mentor pädagogisch zum Praxisanleiter (ab 2019–300 UStd) geschult sein, wie es aus der praktischen Ausbildung der Pflegeberufe bzw. im Rahmen von Anleitungssituationen der Schüler bekannt ist. So beschreibt die Ausbildungs- und Prüfungsverordnung für die Pflegeberufe im § 3 Abs 3: »Die Befähigung zur Praxisanleiterin oder zum Praxisanleiter ist durch eine berufspädagogische Zusatzqualifikation im Umfang von mindestens 300 Stunden und kontinuierliche, insbesondere berufspädagogische Fortbildung im Umfang von mindestens 24 Stunden jährlich gegenüber der zuständigen Behörde nachzuweisen. Für Personen, die am 31. Dezember 2019 nachweislich über die Qualifikation zur Praxisanleitung nach § 2 Absatz 2 der Ausbildungs- und Prüfungsverordnung für den Beruf der Altenpflegerin und des Altenpflegers in der am 31. Dezember 2019 geltenden Fassung oder § 2 Absatz 2 der Ausbildungs- und Prüfungsverordnung für die Berufe in der Krankenpflege in der am 31. Dezember 2019 geltenden Fassung verfügen, wird diese der berufspädagogischen Zusatzqualifikation gleichgestellt« (PflAPrV, Stand August 24).

Meist wird es aber so gehandhabt, dass die qualifizierten Praxisanleiter den Auszubildenden zur Verfügung gestellt werden. Um aus diesem Grund ein entsprechendes Eignungsverfahren für einen Mentor einzuleiten, kann dieser anhand von Schlüsselqualifikationen ausgewählt werden.

3.2.1 Schlüsselqualifikationen

Rauen definiert Schlüsselqualifikationen wie folgt: »Schlüsselqualifikationen sind überfachliche Qualifikationen, die zum Handeln befähigen sollen. Innerhalb der Personalwirtschaft sind diese neben der Fachkompetenz der zweite zentrale Bereich der Personalentwicklung. Sie sind daher kein Fachwissen, sondern ermöglichen den kompetenten Umgang mit fachlichem Wissen. Dabei setzen sich Schlüsselqualifikationen aus einem breiten Spektrum übergreifender Fähigkeiten zusammen, die sowohl aus dem kognitiven, als auch aus dem affektiven Bereich stammen. Diese Kompetenzen können in verschiedenen Situationen und Funktionen flexibel und innovatorisch eingesetzt und übertragen werden.« (Rauen o. J.)

Die soziale oder sozial-kommunikative Kompetenz des Mentors

Sie beinhaltet:

- Kritik- und Konfliktfähigkeit
- Kommunikation
- Teamfähigkeit
- Frustrationstoleranz
- Empathie
- Artikulationsfähigkeit

Auf der Suche nach einem geeigneten Mentor ergeben sich daraus die folgenden Fragen.

Kann der Mitarbeiter Kritik annehmen?

- Ist der Mitarbeiter in der Lage, konstruktive Kritik zu äußern?
- Kann der Mitarbeiter Konfliktsituationen erkennen?
- Ist der Mitarbeiter in der Lage zur konstruktiven Konfliktlösung beizutragen?
- Kann der Mitarbeiter belastende Situationen aushalten?
- Kann der Mitarbeiter sich der Situation entsprechend ausdrücken?
- Ist der Mitarbeiter in der Lage, Gesprächssituationen angemessen zu gestalten?
- Ist der Mitarbeiter in der Lage, mit anderen Mitarbeitern konstruktiv zusammenzuarbeiten?

Der sozial-kommunikativen Kompetenz wird immer mehr Beachtung geschenkt, vergleichbar der fachlichen Kompetenz eines Mitarbeiters – Tendenz steigend!

Die fachliche Kompetenz des Mentors

Die fachliche Kompetenz besteht aus dem kognitiven Wissen und dem praktischen Können des Mitarbeiters. Auch hier können Sie zur Wahl eines geeigneten Mentors folgende Fragen anhand einer Checkliste evaluieren:

Checkliste

- Wie ausgeprägt sind die Fachkenntnisse des Mitarbeiters?
- Inwieweit wendet der Mitarbeiter seine Fachkenntnisse an?
- Ist der Mitarbeiter stets auf dem aktuellsten fachlichen Stand?
- Aktualisiert der Mitarbeiter sein Fachwissen regelmäßig?
- Kennt der Mitarbeiter gültige Gesetze, Standards, Leitlinien?
- Gibt der Mitarbeiter sein neu erworbenes Fachwissen im Mitarbeiterkreis weiter?
- Inwieweit wendet der Mitarbeiter qualitätssichernde oder auch hygienerelevante Maßnahmen an?

Die methodische Kompetenz des Mentors

Bei der methodischen Kompetenz handelt es sich um die Fähigkeit, sich Informationen zu beschaffen und zu verwenden sowie bei Problemen lösungsorientiert vorzugehen.

Um hier einen adäquaten Mitarbeiter zu bestimmen, sollten Sie folgende Fragen beantworten:

Checkliste

- Inwieweit kann der Mitarbeiter Maßnahmen und Handlungen planen und ausführen?
- Ist der Mitarbeiter in der Lage, Probleme zu erkennen und im Rahmen seiner Kompetenz zu lösen?

- Ist der Mitarbeiter in der Lage, notwendige Entscheidungen zu treffen?
- Ist der Mitarbeiter in der Lage, sich notwendige Informationen selbstständig zu beschaffen und auszuwerten?

Sie werden sich vielleicht fragen, warum ein Mentor diese Kompetenzen besitzen sollte. Ein Mentor übernimmt im gesamten Einarbeitungsprozess eine Führungsrolle. Er sollte nicht nur fachlicher Ansprechpartner sein, sondern ist zudem auch für das Arbeitsklima, die Arbeitsfreude und Motivation des neuen Mitarbeiters verantwortlich. In der heutigen Zeit beinhaltet Führung eine Beeinflussung der Mitarbeiter, die auf persönlicher Ausstrahlung und Vorbildhandeln und Identifikation der Mitarbeiter mit der Führungskraft basiert (vgl. Bruch/Vogel, 2009).

3.2.2 Aufgaben eines Mentors

An dieser Stelle werden prägnante Aufgabenstellungen beschrieben, die in Kapitel 4 im Rahmen des Einarbeitungskonzeptes aufgabenorientiert strukturiert werden (▶ Kap. 4). Der Mentor

- macht den neuen Mitarbeiter mit seinem Arbeitsumfeld bekannt;
- unterstützt den neuen Mitarbeiter bei der Kontaktaufnahme mit seiner Abteilung und anderen wichtigen Ansprechpartnern;
- geht vor allem bei neuen Mitarbeitern mit Sprachbarrieren mehr ins Gespräch und baut Sprachhemmungen ab;
- macht den neuen Mitarbeiter mit den Strukturen und Arbeitsanweisungen der Organisation vertraut;
- steht dem neuen Mitarbeiter in fachlicher sowie in persönlicher Hinsicht zur Verfügung;
- weist den neuen Mitarbeiter in sein Aufgabenfeld ein;
- leitet ihn zu selbstständigem Denken und Handeln an;
- fördert die Leistungsbereitschaft des neuen Mitarbeiters;
- übt konstruktive Kritik bei Fehlleistungen und lobt bei guten Leistungen;
- unterstützt neue Ideen des Mitarbeiters.

3.3 Die Rolle des bestehenden Teams

Die Mitteilung, in Kürze einen neuen Kollegen zu bekommen, löst bei den meisten Mitarbeitern in der Organisation Skepsis aus. Es entsteht oft ein Erbhof-Denken, untermalt mit dem Spruch: »Du mit deinen Ideen … arbeite hier erstmal ein paar Jahre, dann kannst Du mit deinen Ideen kommen …« Mit der Einstellung fällt eine Akzeptanz des einzelnen Mitarbeiters gegenüber dem neuen Mitarbeiter nicht immer leicht. Gerade wenn ein beliebter Mitarbeiter aus dem Team ausgeschieden ist, ist dieses Phänomen besonders deutlich zu erkennen.

Des Weiteren sind die täglichen Rituale in der Pflege bekannt. Ob sie Sinn machen oder nicht, sie werden leider viel zu wenig hinterfragt. Oft wird der Satz gesagt: »Das haben wir schon immer so gemacht!«. Bringt der neue Mitarbeiter jedoch aus seiner Erfahrung neue Ideen in das Team, wird er schnell als Konkurrenz gesehen. Ist es denn so schlimm, dass neue Ideen ausgerechnet von einem neuen Mitarbeiter ausgehen? Aus Neuerungen resultieren häufig strukturelle Verbesserungen, die vielen Mitarbeitern dienen. Wenn »frischer Wind von außen« in ein Team gebracht wird, heißt es oft auch den Weg der Veränderung zu gehen. Das ist ganz normal und von der Leitung auch so gewünscht – und zwar ohne jemanden persönlich zu kränken. Daher ist ein Konkurrenzdenken an dieser Stelle völlig unangebracht …, kann aber in jedem Falle das Team selbst zu neuen Ideen anspornen!

Wird eine Pflegefachkraft aus einem anderen Kulturbereich eingestellt, ist die Vorbereitung des Teams wichtig. Wie schon beschrieben sollte eine Offenheit im Team vorherrschen. Sollte es sein, dass sich schon ein Mitarbeiter aus dem Kulturkreis im Team befindet, muss die Führungskraft bei der Integration Sorge tragen, dass sich keine Subgruppen bilden. Im Hinblick auf den interkulturellen Aspekt führt Lenthe auf, dass falls »… die Werthaltungen oder Verhaltensweisen der anderskulturellen Kolleginnen ausschließlich vom eigenen kulturellen Standpunkt aus betrachtet und mit dem entsprechenden Wertmaßstab beurteilt werden, kann dies dazu führen, dass ihr Verhalten oder ihre Absichten falsch eingeschätzt, abgelehnt oder abgewertet werden. So kann mitunter bei einer hoch ethnozentrischen Mitarbeiterin die Ablehnung gegenüber der Andersartigkeit so weit führen, dass sie sich innerlich weigert, mit anderskulturellen Kolleginnen zusammenzuarbeiten« (Lenthe, 2016).

Wertschätzen Sie den Mitarbeiter für seine neuen Ideen und sein Engagement.

Die erste Phase der Einarbeitung ist eine besonders sensible Phase. Der Einarbeitungsexperte empfiehlt folgende Maßnahmen, um den Integrationsprozess zu optimieren:

- Heißen Sie den neuen Mitarbeiter willkommen!
- Eine kleine Aufmerksamkeit zur Begrüßung, wie z. B. ein Blumenstrauß, ist ein wirksames Mittel, um Vertrauen aufzubauen.
- Lassen Sie den neuen Mitarbeiter erkennen, dass er nicht allein gelassen wird – auch wenn Sie nicht die Mentorentätigkeit übernehmen!
- Lassen Sie den neuen Mitarbeiter aus möglichen Intragruppen-Konflikten heraus! Er wird sich selbst seine Meinung bilden.
- Reflektieren Sie seine neuen Ideen! Bringen sie Ihnen Verbesserungen? Sehen Sie selbst, welch wertvollen Menschen Sie dazu gewonnen haben!
- Sehen Sie den neuen Mitarbeiter nicht als Konkurrenz, sondern als neues gleichberechtigtes Mitglied in Ihrem Team!
- Fördern Sie bei Mitarbeitern mit Sprachbarrieren die Kommunikation und Interaktion.
- Führen Sie eine Teamentwicklung durch, vor allem im Rahmen der Werte.

Check

- Wo haben Sie die Möglichkeit, sich Informationen über den neuen Mitarbeiter zu beschaffen?
- Was ist im Hinblick auf die Vorbereitung Ihres Teams zu tun?
- Anhand welcher Faktoren können Sie einen geeigneten Mentor für die Einarbeitung des neuen Mitarbeiters bestimmen?

- Welche Aufgaben hat ein Mentor?
- Wozu sollte eine aktuelle Stellenbeschreibung für den neuen Mitarbeiter vorliegen?

4 Kommunikation und Gesprächsführung im Einarbeitungsprozess

Der kürzeste Weg zwischen zwei Menschen ist ein Lächeln

Kommunikation beeinflusst unser Leben in allen Bereichen. Während der Phase der Einarbeitung und Integration eines neuen Mitarbeiters nimmt die Kommunikation eine Schlüsselrolle für den gelungenen Einführungsprozess eines neuen Mitarbeiters ein. Eine gute Informations- und Kommunikationspolitik in einer Organisation und in einem Team wirkt Konflikten entgegen, bietet allen Beteiligten Transparenz und lässt Ziele erkennen (▶ Kap. 1), und zwar nicht nur die Unternehmensziele, sondern auch die persönlichen Ziele des Mitarbeiters. Durch diese Transparenz wird ein effizientes Arbeiten innerhalb einer Organisation und eines Teams erst möglich.

Friedemann Schulz von Thun hebt in seiner Kernaussage hervor, dass eine Nachricht viele Botschaften gleichzeitig enthält. Es gibt einen Sender und einen Empfänger. Eine Nachricht wird nach Schulz von Thun auf vier Ebenen gesendet: Der Sachebene, der Beziehungsebene, der Selbstoffenbarungsebene sowie der Appellebene. Die gleiche Nachricht wird vom Empfänger ebenso auf diesen vier Ebenen empfangen. Das Missverständliche der zwischenmenschlichen Kommunikation beruht demnach auf einer Fehlinterpretation der Botschaft innerhalb der verschiedenen Ebenen. Ein Empfänger muss noch lange nicht die Nachricht auf der Ebene verstehen, auf der sie gesendet wurde (vgl. Schulz von Thun, 2023). Aus diesem Grunde ist es von Bedeutung, die empfangenen Botschaften beim Sender der Nachricht auf Richtigkeit zu hinterfragen oder zu decodieren. Dieses kann durch Spiegelungsfragen erfolgen.

Um eine Kommunikationsstörung zu vermeiden, sollte der Sender die Botschaft in der Ich-Form senden. Sagen Sie nicht: »Du gibst mir ein ungutes Gefühl«, sondern: »Ich habe ein ungutes Gefühl, weil ich verunsichert bin«.

In der Kommunikation kommen wir wohl kaum an Paul Watzlawick vorbei, der die wichtigsten Kommunikationsstörungen in seinen Axiomen festgeschrieben hat. Die Überschrift verdeutlicht, dass selbst ein Lächeln Kommunikation ist. Wir können verbal und nonverbal kommunizieren und somit nicht *nicht* kommunizieren. Aus diesem Grunde ist nicht nur auf das gesprochene Wort zu achten, sondern auch darauf, wie etwas nonverbal zum Ausdruck gebracht wird. Diese beiden Faktoren müssen stimmig sein (*Kongruenz*).

Lernziele Kapitel 4

Sie erlernen in diesem Kapitel die Planung einer guten Besprechung, den Aufbau und Inhalt eines Einführungsgespräches sowie die Durchführung von Feedback-Gesprächen.

Wesentliche Inhalte

Die Kommunikation ist ein wesentlicher Bestandteil des erfolgreichen Einarbeitungsprozesses. Durch sie können Stärken hervorgehoben und Schwächen vermieden werden.

Als erste Orientierung für Führungskräfte, Mentoren und neue Mitarbeiter steht das Einführungsgespräch als wichtiges Instrument zur Verfügung. Beim Einführungsgespräch werden organisatorische Merkmale sowie gegenseitige Erwartungen geklärt. Jedoch darf die Kommunikation nach dem Einführungsgespräch nicht enden. Für die weitere Sicherstellung, z. B. zur Vermeidung einer Unter- oder Überforderung des neuen Mitarbeiters, müssen während der kompletten Probezeit vier konstruktive und strukturierte Feedback-Gespräche stattfinden. Die Ergebnisse sind jeweils in einem Protokoll im Einarbeitungskonzept zu dokumentieren. Anhand der Ergebnisse des Feedback-Gespräches werden weitere Gespräche aufgebaut und Ziele optimiert. Auch die Kriterien des Beurteilungssystems sind in einem Feedback-Gespräch zu erläutern.

4.1 Die Planung einer guten Besprechung

Bevor in den folgenden Punkten auf das Einführungsgespräch und das Feedback-Gespräch eingegangen wird, sollen kurz wichtige Merkmale einer guten Besprechung erläutert werden. Diese Merkmale können auf jede Form der Gesprächsführung bezogen werden.

> Ein Gespräch sollte stets
>
> - partnerschaftlich,
> - zielorientiert,
> - in einer ruhigen und harmonischen Atmosphäre,
> - strukturiert und
> - geführt
>
> ablaufen!

Eine partnerschaftliche Gesprächsführung heißt, seinem Gegenüber auf Augenhöhe zu begegnen. Hier gilt es vor allem, den Gesprächspartner ernst zu nehmen und dies auch zu vermitteln. Ein wesentlicher Punkt dabei ist die *symmetrische Interaktion*.

Das Gespräch muss zielorientiert verlaufen. Deshalb sollten Sie sich im Vorfeld ihrer Ziele bewusst sein und sie notieren. Vor dem Ende des Gespräches sollten Sie abgleichen, ob sie alle Gesprächsziele erreicht haben.

Das Gespräch muss immer in einer ruhigen Atmosphäre durchgeführt werden. Lärm, Hektik und Stress, Telefonanrufe, Einflüsse von außen und Unterbrechungen durch Personen sind zu vermeiden.

Erarbeiten Sie sich für jedes Gespräch eine Struktur im Rahmen eines Maßnahmenkataloges:

> **Checkliste – Maßnahmenkatalog einer Besprechung**
>
> - Thema des Gespräches?
> - Ziel des Gespräches?
> - Wie sollen die Ziele erreicht werden?
> - Aufbau des Gespräches?
> - Wer nimmt teil?
> - Wer moderiert/leitet das Gespräch?
> - Zeitpunkt, Dauer und Ort der Besprechung?

4.2 Das Einführungsgespräch

Gespräche mit Führungskraft, Kollegen, Mentoren, gegebenenfalls auch unterstellten Mitarbeitern stellen laut Umfragen die wichtigsten Einarbeitungshilfen für neue Mitarbeiter dar. Sie geben beiden Parteien notwendige Informationen. Es ist ratsam, dies auch institutionell festzulegen. Da das Einführungsgespräch beiden Seiten eine Orientierung bietet, sollte es möglichst am ersten Arbeitstag des neuen Mitarbeiters terminiert werden. Gesprächsteilnehmer sind

- Führungskraft
- Mentor
- neuer Mitarbeiter

> Informationen in der Einarbeitungsphase werden stets gebracht und nicht geholt!

Das Einführungsgespräch ist inhaltlich wie folgt aufgebaut:

Checkliste – Aufbau des Einführungsgespräches

Führungskraft und Mentor:

- Begrüßung, Vorstellung, Warming-Up

Führungskraft:

- Vorstellen und Erklären der Inhalte des (Pflege-)Leitbildes
- Organigramm der Einrichtung erklären (Einordnung des Arbeitsbereiches in das Unternehmen)
- Erklären der Stellenbeschreibung des neuen Mitarbeiters (Einordnung der Stelle in das Unternehmen)
- Unternehmensziele, Bereichsziele etc. erläutern
- Aufgaben, Anforderungen an den neuen Mitarbeiter
- Erwartungen an den neuen Mitarbeiter
- Arbeitszeiten, Urlaubsregelungen, Teilnahme an innerbetrieblichen Fortbildungen etc.
- Erklären des Beurteilungssystems
- Klären von Pflegeverständnis, Zusammenarbeit und Werten bei Mitarbeitern aus anderen Kulturkreisen

Mentor:

- Vorstellen des Mentorensystems und des Mentors
- Erklären des Einarbeitungskonzeptes
- Vorstellen des Feedback-Systems
- Kennenlernen der Organisation und der Mitarbeiter (Vorstellen und Rundgang in der Einrichtung)

Neuer Mitarbeiter:

- Erwartungen des neuen Mitarbeiters an Aufgaben, Team, Verantwortungen
- Erläutern der persönlichen Ziele (z. B. Karriere)
- allgemeine und persönliche Fragen an Führungskraft und Mentor

Durch das Einführungsgespräch können die Führungskraft und der Mentor ein Profil des neuen Mitarbeiters erstellen. So kann dieser gezielter eingearbeitet werden (▶ Kap. 2). Sie können als Führungskraft auch allein mit dem neuen Mitarbeiter das Gespräch führen. Allerdings müssen dann die gewonnenen Informationen präzise und zeitnah an den Mentor weitergegeben werden.

Bedenken Sie, dass jede Informationsweitergabe Fehlerquellen aufweisen kann. Schriftliche Aufzeichnungen helfen, Fehler zu vermeiden und mehr Klarheit herzustellen.

Das Einführungsgespräch soll eine erste Gesprächseinheit darstellen, die durch weitere Feedback-Gespräche fortgesetzt werden sollte. Es ist also als eine Art Input und Bestandsaufnahme zu verstehen. Wie sich der Einarbeitungsprozess für beide Parteien gestaltet, wird dann in weiteren Gesprächen evaluiert und ggf. korrigiert.

Terminieren Sie zum Ende des Einführungsgespräches einen Termin für das erste Feedback-Gespräch und notieren Sie diesen im Einarbeitungskonzept und in Ihrem Planer!

4.3 Das Feedback-Gespräch

Ein Feedback (englisch: Rückkopplung) ist in diesem Fall ein Instrument, dem neuen Mitarbeiter Anerkennung auszusprechen, Zufriedenheit zu äußern oder bei Unstimmigkeiten konstruktive Kritik zu äußern – ihm sein Verhalten und seine Leistung zu spiegeln. Nun kann es sein, dass ein neuer Mitarbeiter die Kritik falsch versteht, auch wenn Sie sie konstruktiv geäußert haben. Darum wird an dieser Stelle empfohlen, zunächst dem neuen Mitarbeiter zu signalisieren, dass Sie Kritik als Förderung verstehen. Somit ist die Kritik positiv besetzt.

Tab. 2: Das Johari-Fenster (nach Joseph Luft und Harry Ingham)

	Mir bekannt	Mir unbekannt
Anderen bekannt	A: Öffentliche Person	Blinder Fleck
Anderen unbekannt	B: Privatperson	Unbewusstes

Das Johari-Fenster ist ein gutes Klärungsmodell von Kommunikationsproblemen und gruppendynamischen Prozessen. Es besagt zunächst, dass es Eigenschaften gibt, die dem Selbst oder dem Fremden bekannt sind, oder nicht. So ist im Quadranten A alles, was mir und dem anderen bekannt ist – somit bin ich es als »öffentliche Person«. Im Quadranten B stehe ich als Privatperson, denn es gibt Anteile, die mir zwar bekannt sind, der andere jedoch nicht von mir wissen muss. Im Quadranten D steht alles, was weder mir noch dem anderen bekannt ist und, was tiefenpsychologisch bearbeitet werden müsste. Im Quadranten C finden wir, was mir nicht bekannt ist, dem anderen aber schon – und das ist der sogenannte »blinde Fleck«, den es beim Feedback zu verkleinern gilt (▶ Tab. 2).

Ziel eines konstruktiven Feedbacks ist es, auf bestimmte sachbezogene Verhaltensweisen des Gegenübers Einfluss auszuüben. Es sollte hingegen ausgeschlossen werden, die ganze Person verändern zu wollen. Kritisiert werden darf nur die Fehlleistung oder an Fehlverhalten und zwar an klaren Sachverhalten. Das konstruktive Feedback könnte unmittelbar nach jeder Beobachtung kritischen Verhaltens erfolgen. »Feedback ist damit ein Hilfsmittel, mit dem die Lernkultur in einer bestimmten und oft geforderten Hinsicht systematisch entwickelt werden kann.« (Bastian/Combe/Langer, 2016).

Feedback-Gespräch

Die Pflegedienstleitung der Seniorenresidenz spricht im Feedback-Gespräch mit einem neuen Mitarbeiter über dessen Verlässlichkeit.

- *Falsch:* »Herr Schmidt, Sie kommen jeden Tag zu spät zum Dienst!« Herr Schmidt fühlt sich ertappt und will nicht mehr über die Gründe sprechen.

- *Richtig:* »Herr Schmidt, ich bin enttäuscht über Ihre Unpünktlichkeit, gibt es dafür bestimmte Gründe?«

Herr Schmidt wird sich durch die richtige Vorgehensweise sicher eher zum Thema Unpünktlichkeit äußern als in der ersten Variante. Vielleicht gibt es für seine Unpünktlichkeit schwerwiegende Gründe, die zu erfahren sind. Denn um das Problem gemeinsam lösen zu können, sollte der Arbeitgeber darüber in Kenntnis gesetzt werden.

Die Durchführung von Feedback-Gesprächen in der Einarbeitungsphase hat noch ein wesentliches Ziel: Die Evaluation der Unter- oder Überforderung des neuen Mitarbeiters während der Einarbeitung.

Diese beiden Elemente sind in der Einarbeitung in höchstem Maße zu berücksichtigen! Bei Überforderung des Mitarbeiters leiden die Qualität der erbrachten Leistungen und die Zufriedenheit des Mitarbeiters. Er fühlt sich unterqualifiziert. Im Gegensatz dazu entstehen bei einer Unterforderung beim Beschäftigten Frustration und Gereiztheit. Es kann zu einer »inneren Kündigung« kommen. Meist hat die Unterforderung des Mitarbeiters auch Auswirkungen auf das Arbeitsklima und die sozialen Beziehungen vor Ort.

Sprechen Sie diese Punkte im Feedback-Gespräch offen an. Nur so können Sie das Entwicklungspotenzial des neuen Mitarbeiters realistisch einschätzen und sich in seiner Einarbeitung darauf konzentrieren.

4.3.1 Positives Feedback – Loben will gelernt sein

Nichts motiviert mehr als ein Lob! Darum loben Sie, wann immer Sie eine gute Handlung bei einem neuen Mitarbeiter wahrgenommen haben. Komplimente und Lob müssen aber ehrlich ausgesprochen werden, denn es geht in der Einarbeitung um Ernsthaftigkeit und dem neuen Mitarbeiter nicht um »fishing for compliments«. Wenn Sie meinen, Sie hätten den neuen Mitarbeiter lange nicht gelobt und müssten dieses »mal eben« tun, haben Sie Grundsätzliches nicht verstanden.

> **Checkliste – Loben**
>
> - Geben Sie nie ein Pauschallob ab: »Sie sind so toll!«, sondern eher »Das ... haben Sie gut gemacht!«
> - Bleiben Sie beim Loben ernsthaft, sonst werden Sie eher missverstanden.
> - Zeigen Sie positive Konsequenzen aus der Beobachtung einer guten Leistung beim Mitarbeiter auf.
> - Loben Sie stets unter vier Augen.
> - Loben Sie stets konkretes Verhalten und zwar leistungsbezogen.

4.3.2 Regeln für ein konstruktives Feedback

Geben Sie ein konstruktives und kein destruktives Feedback.

> **Checkliste – zehn Regeln für konstruktives Feedback**
>
> 1. Wer etwas kritisiert, muss dies sachlich und an einem konkreten Sachverhalt begründen können.
> 2. Positive Aspekte sollen beim Feedback hervorgehoben werden.
> 3. Die Aussagen müssen an Beispielen verdeutlicht werden.
> 4. Grundsätzliche Diagnosestellungen werden unterlassen (keine Interpretationen!).
> 5. Die eigenen Emotionen werden verdeutlicht (Ich-Form!).
> 6. Das Feedback findet im Dialog der Beteiligten statt (nicht im Monolog).
> 7. Das Feedback sollte von beiden Seiten als Hilfe angenommen werden.
> 8. Das partnerschaftliche Gespräch soll von beiden Seiten besonders betont werden.

9. Beide Gesprächspartner müssen Offenheit, Toleranz und die Bereitschaft zum Zuhören besitzen.
10. Äußern Sie Kritik nie vor Dritten!

Sprechen Sie nach dem Feedback-Gespräch auch kurz mit ihrem Gesprächspartner über die Kommunikation. Fragen Sie sich und den neuen Mitarbeiter, ob das Gespräch gut verlaufen ist oder ob Sie den Kommunikationsstil verbessern sollten (*Metakommunikation*). Das ist im Hinblick auf folgende Gespräche von großer Bedeutung – für beide Seiten! Erfolgt keine Metakommunikation und verläuft die Kommunikation unklar, kann es sein, dass der neue Mitarbeiter das Gespräch als negativ empfindet und so negativ konditioniert. Das hätte die Auswirkung, dass der neue Mitarbeiter mit einer negativen Grundstimmung in das nächste Feedback-Gespräch geht und ggf. Angst hat.

Metakommunikation

In der Seniorenresidenz gibt es eine wichtige Kommunikationsregel. Diese lautet: »Rede auch darüber, wie Du geredet hast!« Damit ist die Metakommunikation gemeint, die in dieser Einrichtung vielfach Anwendung findet und bei allen Mitarbeitern bereits dazu geführt hat, dass viel bewusster und wohl formulierter kommuniziert wird. Die Konsequenzen sind deutlich weniger unsachliche Gespräche und deutlich weniger Konflikte. Frühzeitig sprechen Mitarbeiter in einem Streitgespräch an, dass sie sich durch den Kommunikationsstil ihres Gegenübers zum Beispiel angegriffen oder beleidigt fühlen. Eine Rückkehr zu mehr Sachlichkeit ist zu verzeichnen.

4.4 Integration der Feedback-Gespräche in das Einarbeitungskonzept

Überlegen Sie sich wichtige Punkte, die Sie in jedem Fall im Protokoll dokumentieren wollen. Ein Beispiel bietet Ihnen die folgende Checkliste, die im Einarbeitungskonzept ebenfalls zu integrieren ist.

> **Checkliste – Feedback-Gespräch**
>
> Feedback des Mentors:
> (Gespräch über soziales Verhalten, Arbeitsverhalten, Stand der Einarbeitung, beiderseitige konstruktive Kritik)
>
> ---
>
> Feedback des Mitarbeiters:
> (Gespräch über Zufriedenheit, Aufgabenbewältigung, Informationen, Attraktivität, Kommunikation im Team, eigene Empfindungen)
> Veränderungswünsche:
>
> Zieloptimierungen:
>
> Mitarbeiter:
>
> Mentor:
>
> ---
>
> Nächstes Feedback-Gespräch am:

Der Vorteil dieser Checkliste ist, dass das System sehr offen ist und verschiedene Möglichkeiten bietet. Sie können aber die genannten Punkte wie z. B. soziales Verhalten, Arbeitsverhalten, Stand der Einarbeitung auch gesondert aufführen.

Die Zieloptimierungen sind auf die Ziele bezogen, die Sie als Führungskraft gemeinsam mit dem neuen Mitarbeiter im Einführungsgespräch getroffen haben. Damit diese Ziele nicht außer Acht gelassen werden, bietet Ihnen dieser Punkt der Checkliste die Möglichkeit, die aufgestellten Ziele zu optimieren. An den Ergebnissen des Gespräches ist beim erneuten Gespräch anzuknüpfen. Es wird empfohlen, mindestens vier regelhafte Feedback-Gespräche innerhalb der Probezeit zu terminieren, die in der Anfangsphase der Einarbeitung öfter und zum Abschluss weniger werden.

Besprechen Sie mit dem neuen Mitarbeiter frühestmöglich das Beurteilungssystem. Sie können auch die Beurteilungskriterien für das Feedback-Gespräch zur Hilfe nehmen. Das führt zu mehr Transparenz für den neuen Mitarbeiter und Sie handeln gemäß dem Arbeitsrecht.

Um das System in das Einarbeitungskonzept zu integrieren, wird empfohlen, die Regeln für Lob und konstruktives Feedback in den Anhang des Einarbeitungskonzeptes zu stellen. So erhalten die beteiligten Personen wichtige Hinweise zur Vorbereitung des Gesprächs.

Gespräche sind ein elementarer Bestandteil der Einarbeitung.

- Der Einarbeitungsexperte empfiehlt: »Kommunizieren Sie wohl formuliert und strukturiert.«
- Der Einarbeitungsexperte empfiehlt: »Sprechen Sie mit ICH und nicht mit MAN.«
- Der Einarbeitungsexperte empfiehlt: »Nutzen Sie die Metakommunikation und reden Sie darüber, wie Sie miteinander reden.«

Check

- Wie bereiten Sie ein Gespräch vor?
- Welche Regeln können Sie für ein konstruktives Feedback-Gespräch anwenden?

- Warum sollten Sie stets die »Ich-Form« bei der Gesprächsführung anwenden?
- Wozu dient das Einführungsgespräch?

5 Projektmanagement – ein Einarbeitungskonzept entwickeln

Auf dem Weg zu einer strukturierten Einarbeitung

Bisher haben Sie erfahren, dass die Einarbeitungsphase eine bestimmte Struktur erfordert, dass sie von einem Mentor unterstützt werden muss und dass sie einen großen Anteil Kommunikation zwischen dem Vorgesetzten, dem Mentor und dem neuen Mitarbeiter beinhaltet.

Auch wenn wir beabsichtigen, den neuen Mitarbeiter so gut wie möglich zu unterstützen, werden wir diesem Vorsatz aufgrund des Arbeitsalltages oft nicht gerecht. Ein Einarbeitungskonzept hilft Ihnen, die einzelnen Themen bei der Einarbeitung stets vor Augen zu haben. Es hat zudem eine Kontrollfunktion über das, was Sie dem neuen Mitarbeiter gezeigt, erklärt und gelehrt haben. Es bietet Ihnen also eine Reihe von Vorteilen.

Das Thema »Einarbeitung neuer Mitarbeiter« eignet sich sehr gut, um es mithilfe eines strukturierten Projektmanagements zu erarbeiten. Dazu werden in diesem Kapitel die Methoden erläutert.

Lernziele Kapitel 5

In diesem Kapitel erlernen Sie, wie ein Einarbeitungskonzept aufgebaut sein kann. Zudem bekommen Sie grobe Einblicke in das Projektmanagement.

> In diesem Kapitel bekommen sie wertvolle Ideen, die Sie im Projektmanagement zum Erstellen Ihres eigenen Einarbeitungskonzeptes verwerten können. Nun kommt es allerdings darauf an, in welcher Abteilung dieses Konzept genutzt werden soll. Hier muss

um Nachsicht gebeten werden, denn für alle Abteilungen in einem Krankenhaus oder für andere Einrichtungen kann kein Einarbeitungskonzept erstellt werden. Es soll aber aufgezeigt werden, wie Sie für Ihren Arbeitsbereich die notwendigen Inhalte zusammenstellen können.

5.1 Phasen, Arbeitspakete und Meilensteine eines Projekts

5.1.1 Definitionsphase

In der Definitionsphase wird ein Ist-Stand zur Thematik des Projektes erhoben. Daraus bilden Sie Ihre Ziele – den Soll-Zustand. Um die Differenz zwischen Ist und Soll zu schließen, erarbeiten Sie eine Methode zur Zielerreichung. Dazu benötigen Sie motivierte Mitarbeiter, die Sie in einer Projektgruppe mit weiteren Ideen unterstützen. Steht die Projektgruppe mit ihren Mitgliedern fest, sollten Sie grob planen, wie viele Sitzungen (Stunden) Sie für dieses Projekt vorsehen. Sind alle Fakten in diesem Falle zusammengetragen, können Sie die Kosten des Projekts ermitteln. Die Definitionsphase schließt mit der Vergabe des Projektauftrages ab.

Alle speziellen Vereinbarungen und Vorgaben zwischen dem Auftraggeber und den Auftragnehmern des Projektes müssen in einem schriftlichen Projektauftrag festgehalten werden. Oftmals stößt dies auf Unmut. Dennoch bietet Ihnen diese Vorgehensweise mehrere offensichtliche Vorteile:

- Durch einen schriftlichen Projektauftrag wird Ihr Projekt verbindlich.
- Ein schriftlich dokumentierter Projektauftrag beugt auftretenden Missverständnissen während des Projektverlaufes vor.
- Der Projektauftrag bietet Ihnen die Grundlage für Ihr Projekt sowie für Ihre Projektevaluation.

- Der Projektauftrag beinhaltet eine klare Zielsetzung im Hinblick auf die zu erreichenden Ergebnisse (Sachziel, Kostenziel, Terminziel).

5.1.2 Planungsphase

Nach der Vergabe des Projektauftrages gehen Sie in die Planungsphase über. Alles, was Sie in der Definitionsphase grob geplant haben, konkretisieren Sie jetzt in der Feinplanung. Verantwortlichkeiten (»Wer macht was?«) werden nun bis in die Tiefe durchdacht. Das Projekt wird in Arbeitspakete strukturiert. Sie legen Terminziele (Wann sollen die einzelnen Arbeitspakete abgeschlossen sein?) und *Meilensteine* fest. Eine mögliche Struktur im Falle eines Einarbeitungskonzeptes bietet Ihnen Tabelle 3.

Tab. 3: Feinplanung des Projekts

Arbeitspaket/Thema	Terminziel	Meilensteine
Definitionsphase		Abschluss der Definitionsphase
Planungsphase		Abschluss der Planungsphase
Realisierungsphase Erarbeiten der Arbeitspakete		Fertigstellung der Einarbeitungskonzepte
Erstellung der Einarbeitungskonzepte: • Struktur und Aufbau des Konzeptes • Tätigkeitsbezogene Arbeitsanalyse • Integrationsaufgaben im Rahmen des multikulturellen Teams		

Tab. 3: Feinplanung des Projekts – Fortsetzung

Arbeitspaket/Thema	Terminziel	Meilensteine
• Mentorensystem • Aufgabenbeschreibung Mentor/Vorgesetzte • Integration Feedback-Gespräche		
Konzipieren der Evaluationsbogen		Fertigstellung der Evaluationsbogen
Umsetzung und Evaluation		Abschluss der Einarbeitung Evaluation
Abschlussphase		Abschluss des Projektes

Des Weiteren müssen Sie in der Planungsphase die Risiken Ihres Projektes durchdenken, gegen die Sie stets gewappnet sein müssen. Risiken können zum Beispiel das Nichteinhalten Ihrer Zeitplanung oder Konflikte innerhalb Ihrer Projektgruppe sein.

Schnittstellen – also die Bereiche, die Sie mit Ihrem Projekt berühren und die nicht in Ihren eigentlichen Arbeitsbereich fallen – sind in höchstem Maße zu berücksichtigen. Schnittstellen zur Thematik Einarbeitung sind zum Beispiel die Kommunikation zwischen Mentor, Team und allen anderen Mitarbeitern. Eine weitere Schnittstelle ist die Personalauswahl (▶ Kap. 2). Auch hier müssen Sie darauf achten, ob alle notwendigen Maßnahmen im Vorfeld getroffen sind.

Entwicklung eines Einarbeitungskonzeptes

In der Einrichtung war die Qualitätsmanagementbeauftragte für die Entwicklung eines Einarbeitungskonzeptes verantwortlich. Ein detaillierter Projektplan und ständige Rückmeldungen an die Geschäftsführung sicherten den Erfolg des Projekts.

5.1.3 Realisierungs- und Abschlussphase

In der Realisierungsphase werden nun die in Tabelle 2 aufgelisteten Arbeitspakte systematisch abgearbeitet und vorgestellt (▶ Tab. 3). Das Mentorensystem und die Aufgaben der an der Einarbeitung beteiligten Personen wurden bereits in Kapitel 3 beschrieben (▶ Kap. 3). Mit der Umsetzung aller Punkte wird die Abschlussphase erreicht (▶ Kap. 5.4 und ▶ Kap. 5.5). Das Projekt wird beendet und die Projektgruppe aufgelöst.

5.2 Struktur und Aufbau des Einarbeitungskonzeptes

Auch das Einarbeitungskonzept bekommt ein Vorwort. Dieses Vorwort enthält nochmals einen Willkommensgruß und eine kurze inhaltliche Beschreibung der Einarbeitungsphase und des Gesamtkonzepts der Integration. An diesem Punkt ist auch das Mentorensystem zu erläutern.

Auf der ersten Seite des Konzeptes stehen die Daten des neuen Mitarbeiters sowie Name des Mentors, Fachabteilung, Telefonnummer, der Einarbeitungszeitraum, Datum des Einführungsgespräches und die im Einführungsgespräch festgelegten Ziele des Mentors und des neuen Mitarbeiters. Nach und während des Einführungsgespräches können Sie das Profil des neuen Mitarbeiters ermitteln und schriftlich fixieren. Eine Zeile für Empfehlungen sollte vorgesehen werden, da an diese Empfehlungen des Mentors im ersten Feedback-Gespräch angeknüpft werden kann. Der Termin des ersten Feedback-Gespräches wird ebenfalls dokumentiert. Er sollte in den ersten drei Wochen erfolgen. Des Weiteren muss ein Termin für das Beurteilungsgespräch geplant werden. Sicher denken Sie jetzt, dass es dafür an dieser Stelle noch zu früh ist, aber es schafft eine gute Transparenz für den neuen Mitarbeiter. Insgesamt wird die erste Seite folgendermaßen erscheinen können (▶ Kasten 1):

Kasten 1: Einarbeitungskonzept, 1. Seite

St. Johannes Krankenhaus GmbH Einarbeitungskonzept

Name Mitarbeiter(in): _____

Name Mentor: _____

Fachabteilung/Telefon: _____

Einarbeitungszeitraum: _____

Einführungsgespräch am: _____

Ziele des/der Mitarbeiters(in): _____
_____
_____
_____

Ziele des Mentors: _____
_____
_____
_____

Profil des/der Mitarbeiters(in): _____
_____
_____
_____

Termin erstes Feedback-Gespräch (nach 3 Wochen): _____
Termin Beurteilungsgespräch: _____

Auf der zweiten Seite des Konzeptes wäre es sinnvoll, den ersten Arbeitstag detailliert zu beschreiben. Hier bietet das Konzept auch inhaltlich eine gute Struktur für das Einführungsgespräch. Die Themen werden schriftlich in einer Tabelle fixiert. Um die besprochenen Themen zu kennzeichnen, empfiehlt es sich, eine Spalte »Erklärt, Datum und Handzeichen« einzubauen. So haben beide Parteien einen guten Überblick über den Stand der erbrachten Informationen (▶ Tab. 4).

Nach der Darstellung des ersten Arbeitstages folgt der Punkt »Spezielle Einweisung in die Abteilung«. Diese Einweisung sollte nicht weiter in ein Schema, wie z. B. zweiter und dritter Tag, gepresst werden, da jede Einarbeitung und jeder neue Mitarbeiter individuell gesehen werden müssen. Je individueller und abgestimmter die Einarbeitung verläuft, umso mehr Konflikte können vermieden werden, insbesondere Konflikte, die durch eine Über- und Unterforderung entstehen (▶ Kap. 1).

Der Einbau eines Stufenplanes in die spezielle Einweisung bietet sich hier als Kontrollfunktion sehr gut an. Als Punkte für den Stufenplan können Sie

- erklärt,
- durchgeführt,
- Handzeichen: Mentor und Mitarbeiter

einfügen.

Bei der Einarbeitung eines erfahrenen Kollegen reicht die oben dargestellte Weise völlig aus.

Für die spezielle Einweisung in die Abteilung benötigen Sie jetzt eine Auflistung der verschiedenen Arbeitsaufgaben, die dort durchgeführt werden. Diese können Sie im Rahmen einer tätigkeitsbezogenen Arbeitsanalyse erfassen.

- Überlegen Sie, welche »Pflichtlektüre« in Ihrem Haus existiert. Gibt es Hygienepläne, Pflegestandards, Organisationshandbücher etc.?
- Setzen Sie sich mit einem Stufenplan auseinander!
- Achten Sie auf die Zeitplanung in Ihrem Projekt!
- Geben Sie die Ergebnisse an den Auftraggeber weiter!

Tab. 4: Einarbeitungskonzept, 2. Seite

Einarbeitungskonzept: 2. Seite Der erste Arbeitstag:		
Tätigkeiten:		**erklärt:**
	Datum	Handzeichen

Leitbild

Organigramm des Krankenhauses

Stellenausschreibung

Besprechungen/Kommunikation/Information

Dienstzeiten

Dienstplanprogramm

KIS/EDV-Dokumentation

Krankmeldungen

Unfallmeldungen/Unfallwesen

Hygienepläne

QM-Handbuch/Organisationshandbuch

Beauftragtenwesen

Brandschutz

Arbeitsschutz/-sicherheit

Abfall

Hygiene

Datenschutz

Gremien im Krankenhaus

Innerbetriebliche Fortbildung

Tab. 4: Einarbeitungskonzept, 2. Seite – Fortsetzung

Einarbeitungskonzept: 2. Seite Der erste Arbeitstag:		
Tätigkeiten:		erklärt:
	Datum	Handzeichen
Telefon- und Pieperliste Erklären und Durchführen eines Rufes		
Pflegesystem/Pflegemodell/Pflegedokumentation		

5.3 Arbeitsanalysen

Eine Arbeitsanalyse besteht aus einer genauen Studie der verschiedenen Anforderungen und Komponenten einer zu verrichtenden Arbeit, der Arbeitsbedingungen, der Pflichten und der dazu notwendigen Qualifikationen (Weinert, 2004). Arbeitsanalysen beinhalten folgende Ebenen:

- Aufgabenebene
- Verhaltensebene
- Eigenschaftsebene

Bei der hier relevanten Aufgabenebene der Arbeitsanalyse findet eine systematische Bewertung von Arbeitsaufgaben in ihrer Bedeutung, Häufigkeit und Schwierigkeit statt. Die Durchführung der tätigkeitsbezogenen Arbeitsanalyse kann ebenfalls für das Konzipieren von Stellenbeschreibungen in den jeweiligen Abteilungen genutzt werden oder auch zur Durchführung von Arbeitsproben. So bildet die tätigkeitsbezogene Arbeitsanalyse ein Kernelement, das nicht nur für das Einarbeitungskonzept dienlich ist.

Die Tätigkeiten aus der Arbeitsanalyse werden am Beispiel einer chirurgischen Station in der folgenden Tabelle veranschaulicht (▶ Tab. 5).

> Nehmen Sie die Expertenstandards/Pflegestandards der betreffenden Abteilung zur Hilfe. So können Sie die Tätigkeiten/Pflegehandlungen genau aufschlüsseln.

Tab. 5: Einarbeitungskonzept – spezielle Einweisung in die Abteilung Chirurgie

Tätigkeit	erklärt		durchgeführt		Handzeichen	
	ja	ja	mit Hilfe	selbstständig	Mentor	Mitarbeiter
Notfall/Auslöser der Notfallkette						
Aufnahme eines Patienten						
Vitalzeichenkontrolle						
Standard Hüft-TEP						
Vorbereitung zur OP Hüft-TEP						
Rasur						
Verhaltensmaßnahmen nach OP						
Überwachung des Patienten						

Tab. 5: Einarbeitungskonzept – spezielle Einweisung in die Abteilung Chirurgie – Fortsetzung

Tätigkeit	er-klärt	durchgeführt			Hand-zeichen	
	ja	ja	mit Hilfe	selbst-ständig	Mentor	Mitar-beiter
postoperative Pflege bei Hüft-TEP						
Mobilisation						
Luxationspro-phylaxe						
Thrombose-prophylaxe						
Pneumonie-prophylaxe						
Dekubituspro-phylaxe						
Soor/Parotitis-prophylaxe						
Kontrakturen-prophylaxe						
Lagerung bei Hüft-TEP						
usw.						

Nach der speziellen Einweisung folgt im nächsten Punkt die organisatorische Einweisung (▶ Tab. 6).

Tab. 6: Einarbeitungskonzept – organisatorische Einweisungen und Informationen

Tätigkeit	erklärt	durchgeführt			Handzeichen	
	ja	ja	mit Hilfe	selbstständig	Mentor	Mitarbeiter
Krankenhausdienste:						
Technischer Dienst						
Reinigungsdienst						
Konsiliardienst						
Hol- und Bringdienst						
Patientenservice:						
Bücherei						
Telefon/TV						
Fußpflege						
Friseur						
Patientencafeteria						
Seelsorge						
Bestellwesen:						
Kostenstelle						
Einmalartikel						
Medikamente						
Bürobedarf						

Tab. 6: Einarbeitungskonzept – organisatorische Einweisungen und Informationen – Fortsetzung

Tätigkeit	erklärt	durchgeführt			Handzeichen	
	ja	ja	mit Hilfe	selbstständig	Mentor	Mitarbeiter
Essen/Getränke usw.						

Nachdem Sie alle Tätigkeiten in den jeweiligen Kategorien eingefügt haben, fehlt nun noch die Implementierung des Feedback-Systems.

In der Einarbeitungsphase sind ca. vier Feedback-Gespräche zu führen. Daher sollten Sie die im Kapitel 4 aufgeschlüsselten Protokolle (▶ Kap. 4) entsprechend im Einarbeitungskonzept integrieren.

Die Aufgaben der jeweiligen an der Einarbeitung beteiligten Personen sind im Anhang des Einarbeitungskonzeptes zu hinterlegen. So können Sie stets darauf verweisen.

- Setzen Sie sich mit Ihrem Projektteam zusammen und erfassen Sie die Tätigkeiten auf den Stationen!
- Bringen Sie die Tätigkeiten in eine logische Reihenfolge!
- Achten Sie auf Ihre Zeitplanung im Projekt!
- Geben Sie Ihre Ergebnisse an den Auftraggeber weiter!

5.4 Umsetzung und Evaluation der Einarbeitung

Nachdem Sie das Einarbeitungskonzept fertig gestellt haben, folgen nun Umsetzung und Überprüfung. Bekanntermaßen stellen sich durch die Umsetzung die besten Verbesserungsvorschläge heraus.

Nach der Umsetzung der Einarbeitungsphase mit dem Einarbeitungskonzept müssen Sie die gesamte Phase evaluieren, d.h., den gesamten Prozess bewerten. Hierzu bietet sich die Konzipierung eines Evaluationsbogens an. Die Evaluation sollte sowohl seitens des Mentors als auch seitens des Mitarbeiters erfolgen, da selbstverständlich verschiedene Sichtweisen vorliegen und bewertet werden müssen.

Die Evaluation könnte in Form eines Interviews verlaufen. Als Medium stehen Ihnen nachfolgende Bogen zur Verfügung (▶ Kasten 2; ▶ Kasten 3).

Auch wenn die Evaluation der Einarbeitung mit diesem Bogen vorerst vollzogen ist, ist sie dennoch nicht abgeschlossen. Ein neuer Mitarbeiter muss auch in das bestehende Team integriert werden.

Kasten 2: Evaluationsbogen nach der Einarbeitungsphase – Mentor

---

Evaluationsbogen nach der Einarbeitungsphase – Mentor

Das Einarbeitungskonzept soll kein starres Gebilde darstellen. Deshalb bitten wir Sie, die Einarbeitungsphase und das Einarbeitungskonzept zu reflektieren und zu bewerten. Bitte bewerten Sie nach dem Schulnotensystem von 1 (sehr gut) bis 6 (ungenügend).

1. Der Aufbau des Einarbeitungskonzeptes war:

1	2	3	4	5	6
☐	☐	☐	☐	☐	☐

Begründung: _____
_____

2. Die Anzahl der vorgegebenen Feedback-Gespräche war:

        1 2 3 4 5 6
        ☐ ☐ ☐ ☐ ☐ ☐

Begründung: _____

_____

3. Die Inhalte des Einarbeitungskonzeptes waren:

        1 2 3 4 5 6
        ☐ ☐ ☐ ☐ ☐ ☐

Begründung: _____

_____

4. Anregungen und Verbesserungsvorschläge für das Einarbeitungskonzept und/oder die Einarbeitungsphase:

_____

_____

Datum und Unterschrift des Mentors: _____

Kasten 3: Evaluationsbogen nach der Einarbeitungsphase – Mitarbeiter

Evaluationsbogen nach der Einarbeitungsphase – Mitarbeiter

Das Einarbeitungskonzept soll kein starres Gebilde darstellen. Deshalb bitten wir Sie, die Einarbeitungsphase und das Einarbeitungskonzept zu reflektieren und zu bewerten. Bitte bewerten Sie nach dem Schulnotensystem von 1 (sehr gut) bis 6 (ungenügend).

1. Die Kommunikation während der Einarbeitungsphase war:

	1	2	3	4	5	6
	☐	☐	☐	☐	☐	☐
im eigenen Arbeitsbereich	☐	☐	☐	☐	☐	☐
bereichsübergreifend	☐	☐	☐	☐	☐	☐
Geschäftsleitung	☐	☐	☐	☐	☐	☐

2. Die individuelle Betreuung durch den Mentor war:

        1 2 3 4 5 6
        ☐ ☐ ☐ ☐ ☐ ☐

Begründung: _____

_____

3. Die Einarbeitung anhand des Einarbeitungskonzeptes war:
_____
_____
_____

4. Der Einarbeitungszeitraum von 5 Monaten war:
☐ zu kurz   ☐ ausreichend   ☐ zu lang
5. Wurden Ihre Ziele berücksichtigt? ☐ ja   ☐ nein
6. Anregungen und Verbesserungsvorschläge für das Einarbeitungskonzept und/oder die Einarbeitungsphase:
_____
_____

Datum und Unterschrift: _____
Dieser Bogen wird nach der Evaluation der Pflegedienstleitung übergeben.

Damit die Integration auch stets im Sinne des Mitarbeiters erfolgt, sind weiterhin Mitarbeitergespräche zu führen. Diese sollte der direkte Vorgesetzte durchführen. Nach Abschluss der Einarbeitungsphase muss der Mitarbeiter weiter gefördert werden. Also sollten auch Fördergespräche stattfinden. Der neue Mitarbeiter hat im Einführungsgespräch vermutlich Wünsche hinsichtlich Fort- und Weiterbildungen geäußert sowie seine Karriereplanung offenbart. Diesen Vorstellungen sollten Sie weitestgehend entsprechen. Sie erhalten sich damit einen engagierten und motivierten Mitarbeiter, der Sie mit seiner kontinuierlich hohen Leistungsbereitschaft belohnt.

Reflektieren Sie die Ziele der Einarbeitung!

- Setzen Sie diese Ziele in den Evaluationsbogen ein!
- Planen Sie weitere Gespräche mit dem eingearbeiteten Mitarbeiter (Mitarbeitergespräche, Fördergespräche)!
- Achten Sie auf Ihre Zeitplanung im Projekt!
- Geben Sie Ihre Ergebnisse an den Auftraggeber weiter!

Die Realisierungsphase ist mit dem Abschluss der Arbeitspakete und der Abnahme der Ergebnisse beim Projektauftraggeber abgeschlossen. Sie müssen jedoch während der gesamten Phase die Zeitplanung im Auge behalten und eine Steuerung bei Abweichungen vom Projektplan vornehmen.

> Stellen Sie das Beurteilungssystem in den Anhang des Einarbeitungskonzeptes. So bietet es dem neuen Mitarbeiter sehr früh Transparenz über die Beurteilungskriterien.

5.5 Der Projektabschluss

Nach Abschluss der Realisierungsphase haben Sie die Aufgabe, einen Projektabschlussbericht zu verfassen, die Teammitglieder in das ursprüngliche Team zu integrieren und damit das Projekt aufzulösen. Der Abschlussbericht enthält folgende Daten:

> **Checkliste – Abschlussbericht**
>
> - Projektleiter
> - Ziel
> - Projektstruktur
> - Beschreibung der Leistung
> - wichtige Ereignisse/kritische Momente
> - Kosten des Projektes
> - Abnahme des Projektes
> - Unterschrift

Jetzt haben Sie nur noch eine wichtige Aufgabe vor sich: die Vorstellung Ihrer Ergebnisse in den Leitungs- und Teambesprechungen.

Sie werden sicher viel Lob für Ihr Projektergebnis in Form eines vollständigen Einarbeitungskonzeptes ernten, und zwar nicht nur von den Leitungskräften und Mentoren, sondern vor allem auch von allen neuen Mitarbeitern, die nach Ihrem Konzept besser eingearbeitet werden.

Planen Sie ein kleines Abschlussfest für das Projektteam. Auf diesem Weg fühlen sich die Teammitglieder belohnt und sind offen für neue Projekte.

Abschlussfeier

Die Qualitätsmanagementbeauftragte der Einrichtung hat zusammen mit einem Projektteam ein Einarbeitungskonzept entwickelt. An dem Projektteam waren zwei Stationsleitungen, zwei Mentoren, die Pflegedienstleitung und sie selbst beteiligt. Für heute Abend ist ein gemeinsames Abendessen geplant, da das umgesetzte Konzept von den ersten neuen Mitarbeitern, die danach eingearbeitet wurden, als ausgesprochen gut beurteilt wurde und auch die Geschäftsführung das Ergebnis begrüßt.

- Die Erstellung eines Einarbeitungskonzeptes ist eine komplexe Aufgabe.
- Der Einarbeitungsexperte empfiehlt: »Nutzen Sie für die Entwicklung eines Einarbeitungskonzepts einen so genannten Meilensteinplan.«
- Der Einarbeitungsexperte empfiehlt: »Nutzen Sie zur Einarbeitung hilfreiche Checklisten.«

Check

- Wie strukturieren Sie das Einarbeitungskonzept?
- Was verstehen Sie unter einer Arbeitsanalyse?
- Warum ist der schriftliche Projektauftrag wichtig?
- Welche Daten gehören in den Projektabschlussbericht?
- Wie verläuft eine gelungene Evaluation?
- Warum ist es wichtig, zum Ende des Projektes mit den Teammitgliedern den Erfolg zu feiern?

6 Integration in das Team

Sie haben jetzt schon viel darüber gelesen, wie die Einarbeitung neuer Mitarbeiter rein technisch verlaufen sollte. Einiges, wie in Kapitel 1.2, wo typische Konflikte während der Einführungsphase eines neuen Mitarbeiters beschrieben wurden (▶ Kap. 1.2), sowie in Kapitel 1.3, »Phasen der Einarbeitung« (▶ Kap. 1.3), muss hier noch einmal vertieft werden. Eine Besonderheit der Integration zeigt auch Kapitel 1.5, welches den interkulturellen Aspekt beschreibt (▶ Kap. 1.5). Denn der neue Mitarbeiter kennt zwar seine Aufgaben und ist in allen Bereichen unterwiesen, dennoch kann es sein, dass er selbst im Team noch nicht angekommen ist. Er kennt weder die Teamregeln noch die Werte des Teams oder die Ziele. Wünsche und Erwartungen, die an ihn bezüglich der Organisation gestellt sind, werden durch die Einarbeitung und die Stellenbeschreibung sichtbar, diese jedoch noch nicht auf der Ebene des Teams.

Aus diesem Grunde ist es durchaus empfehlenswert, eine Teamentwicklung anzuschließen. Ziel ist es, den Mitarbeiter langfristig an die Organisation und das Team zu binden. Ziel ist es auch, eine Arbeitsatmosphäre herzustellen, die es ihm erlaubt, motiviert und zufrieden zu sein (siehe auch *betriebliches Gesundheitsmanagement*).

6.1 Definitionen »Team« und »Teamentwicklung«

Wir unterscheiden eine Gruppe von einem Team. Oftmals wird der Begriff »Team« auch synonym für eine Arbeitsgruppe gebraucht. Doch eine Arbeitsgruppe ist noch lange kein Team. So heißt es auch nicht: »**T**oll **e**in **a**nderer **m**acht's!«. »Als echt werden nur jene Teams bezeichnet, in welchen die Gruppe als System von Interaktionen zwischen den Mitgliedern zum Wirken kommt und nicht einfach per Anweisung vom Vorgesetzten Befehle empfangen und ausgeführt werden« (Hug, 2003).

Steiger beschreibt hierzu: »Sobald mehrere Personen hinsichtlich einer gemeinsamen Aufgabe zusammenarbeiten, was ja für Führungssituationen geradezu typisch ist, hat Führung etwas mit dem Umgang mit der Komplexität von Gruppen zu tun. Gruppen haben eine eigene Dynamik, deren Verständnis für das erfolgreiche Leiten von Gruppen unumgänglich ist. Maßnahmen für die Entwicklung der Leistungsfähigkeit und des beziehungsmäßigen Zusammenhalts der Gruppen sind für die Führungsaufgabe zentral und werden häufig als Teamentwicklung bezeichnet« (Steiger, 2003).

Ist eine Gruppe noch kein Team, haben die Mitglieder oft das Empfinden, sich nur auf sich selbst zu konzentrieren. Es fehlen gemeinsame Zielsetzungen. Ebenfalls besteht die Gefahr, dass die so wichtige Eigenverantwortlichkeit schwindet und nur eine »reine Vertragserfüllung« stattfindet. Die Identifikation mit der Organisation bzw. mit dem »Team« kann kaum stattfinden. Auch fehlt es am Rollenverständnis des anderen, wodurch auch wieder Konflikte entstehen können, die der Organisation schaden – monetär schaden.

Im Gegensatz dazu versteht sich ein Teammitglied, nach erfolgter Teamentwicklung, eher als unabhängig. Denn es weiß, dass die gemeinsame Zielerreichung nur möglich ist, wenn die anderen Teammitglieder unterstützen. Die Teammitglieder unterstützen sich gegenseitig, haben ihre Ziele transparent vor Augen und kennen die Stärken und Schwächen des jeweils anderen. Sie verstehen sich als Einheit. Als Teammitglied arbeitet man vertrauenswürdig miteinander, Ideen und Wünsche können jederzeit hervorgebracht werden (im

Gegensatz dazu steht das Erbhof-Denken). Konflikte werden als Bereicherung und Innovation gesehen und somit positiv gewertet. Die Teammitglieder treffen ihre Entscheidungen, respektieren aber, dass der Vorgesetzte das letzte Wort hat.

> Ein Team ist mehr als eine Gruppe, es trägt sich und damit die einzelnen Mitglieder mit ihren jeweiligen Stärken und Schwächen. In einem Team sollte das Vertrauen immer Voraussetzung sein.

6.2 Die Phasen der Teamentwicklung

Teamentwicklung ist eine Maßnahme, die immer mehr an Bedeutung gewinnt. Teamentwicklung ist eine Maßnahme zur Kulturarbeit in einer Organisation. Teamentwicklung durchzuführen ist ebenfalls eine Maßnahme im Rahmen des betrieblichen Gesundheitsmanagements, und zwar deshalb, weil hier durch die Arbeit an Werten, Zielen, Aufgaben etc. auch ein Arbeiten in einem vertrauenswürdigen Umfeld stattfinden kann, was wiederum die Arbeitsatmosphäre deutlich verbessert und die Mitarbeiterbindung in der heutigen Zeit vorantreibt. Doch wie funktioniert das nun? Tuckman, US-amerikanischer Psychologe, stellt das in Abbildung 3 dargelegte Phasenmodell vor.

Forming
Die Forming-Phase ist davon gekennzeichnet, dass die Mitglieder noch nicht ihre Rolle gefunden haben. Es herrschen viele Unsicherheiten und Ängste vor. Formelle Höflichkeit ist Kennzeichen. Das erste Kennenlernen findet statt. Für die Führungskraft ist es hier wichtig, darauf zu achten, dass jedes Mitglied seine Meinung äußern kann. Es wird deutlich, wie wichtig es als Führungskraft ist, eine starke Vorbildhaltung einzunehmen. Ebenfalls ist hier der Vertrauensvorschuss der Führungskraft sehr gefragt. Klare Kommunikation, Ziele, Orientierung und Richtung sind Voraussetzung.

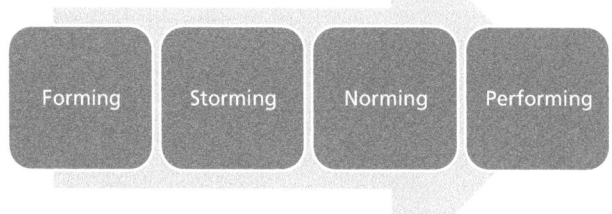

Abb. 3: Phasen der Teamentwicklung nach Bruce Tuckman

Storming

In der Storming-Phase findet ein offensiver Schlagabtausch statt. Konflikte treten auf (▶ Kap. 1.2), jedes Mitglied versucht hier, sich zu positionieren und die eigenen Meinungen im Bereich der Arbeitserledigung und auf zwischenmenschlicher Ebene durchzusetzen. Diese Phase macht ihrem Namen alle Ehre. Doch es ist die wichtigste Phase. Findet sie nicht statt, schwelen Konflikte verdeckt und das Team entwickelt sich nicht weiter.

Für die Führungskraft ist es wichtig, hier gemeinsam mit der Gruppe Werte, Ziele und Teamregeln für die Aufgabenerledigung zu erarbeiten. Ein wichtiger Punkt ist hier der Wert der Offenheit. Die Führungskraft schaut nach Gemeinsamkeiten und spricht Konflikte offen an. Es nützt nichts, sie unter den Teppich zu kehren, denn sonst entsteht ein dicker Berg darunter, über den man früher oder später stolpert! Die Gruppe wird nicht arbeitsfähig,

Norming

Die Norming-Phase ist gekennzeichnet von der Einigung auf Teamregeln und Werte, Aufgabenverteilung und Zielsetzungen. Das Team bestimmt mit der Führungskraft die weitere Zusammenarbeit. Jedes Mitglied findet seine Rolle anhand der Stärken und Schwächen.

Konflikte sind geklärt, eine Konsolidierung mit dem Team findet statt.

Die inspirierende Führungskraft zieht sich immer mehr zurück und bindet das Team mehr und mehr in Entscheidungsprozesse mit ein. So entsteht Eigenverantwortung, Mitdenken und Vertrauen.

Performing
Die Performing-Phase ist gekennzeichnet von gegenseitiger Akzeptanz und Wertschätzung. Die Teammitglieder können nun zielgerichtet ihre Aufgaben wahrnehmen. Auftretende Probleme werden offen und klar im Team kommuniziert. Die Energie konzentriert sich auf die hohe Arbeitsleistung und nicht auf Konflikte oder Konkurrenzdenken.

Die Führungskraft beobachtet und fördert einzelne Teammitglieder im Rahmen ihrer Führungsaufgaben. Sie vertritt das Team nach innen und außen.

In unserer Zeit des Fachkräftemangels ist es wesentlich, hier durch eine Teamentwicklung Mitarbeiterbindung bei einem neuen Mitarbeiter entstehen zu lassen. Es wird heute ein deutlich höherer Fokus auf ein tragfähiges Team und somit eine gesunde Arbeitsatmosphäre gelegt als noch vor ein paar Jahren.

Bitte achten Sie als Führungskraft darauf, dass die Storming-Phase im Rahmen der Teamentwicklung auch wirklich stattfindet. Es muss »stürmen«, sonst entwickelt sich das Team nicht! Konflikte bleiben verdeckt und belasten das Klima.

Zur Teamentwicklung eignen sich interne oder externe Coaches. Sie sind klarer im Bereich ihrer Rollen und haben von außen einen neutralen Blick auf das Team.

7 Goldene Regeln in der Einarbeitungsphase

Möchten Sie Ihre neuen Mitarbeiter frühzeitig an Ihr Unternehmen binden, beachten Sie neun *goldene Regeln*:

1. Der neue Mitarbeiter ist im Moment der wichtigste Partner.
2. Bedenken Sie, dass Sie durch Ihre Einarbeitung nicht nur das Unternehmen, sondern auch sich selbst präsentieren.
3. Versuchen Sie stets, sich die Phasen der Einführung vor Augen zu führen.
4. Versuchen Sie, für die ersten Tage einen Mentor komplett für die Einarbeitung abzustellen.
5. Versuchen Sie unbedingt Mitarbeiter mit Sprachbarrieren in die Kommunikation und Interaktion zu bringen
6. Sprechen Sie Konflikte stets zeitnah und offen an.
7. Sorgen Sie für den Informationsfluss.
8. Setzen Sie sich mit der Karriereplanung des neuen Mitarbeiters auseinander.
9. Führen Sie im Anschluss an den Einarbeitungsprozess eine Teamentwicklung durch.

1. Regel: Der neue Mitarbeiter ist im Moment der wichtigste Partner
Sie arbeiten gerade einen motivierten und engagierten Mitarbeiter ein. Behandeln Sie ihn partnerschaftlich. Das heißt nicht freundschaftlich, sondern respektvoll auf Augenhöhe. Auf diese Weise wird er Ihnen auch weiterhin zur Verfügung stehen.

2. Regel: Bedenken Sie, dass Sie durch Ihre Einarbeitung nicht nur das Unternehmen, sondern auch sich selbst präsentieren
Sie sind Teil des Systems und präsentieren Ihre Einrichtung. Eine gute

Einarbeitung sichert auch Ihr Image nach außen. Entwickelt sich der neue Mitarbeiter kompetent weiter, ist das auch Ihr Verdienst.

3. Regel: Versuchen Sie stets, sich die Phasen der Einführung vor Augen zu führen

In der Beschreibung der Phasen innerhalb der Einführung neuer Mitarbeiter sind die psychologischen Aspekte sehr transparent geworden. Versuchen Sie, sich in diese Lage zu versetzen und geben Sie ihnen die Empathie, die sie brauchen.

4. Regel: Versuchen Sie, für die ersten Tage einen Mentor komplett für die Einarbeitung abzustellen

Auch wenn es der Dienstplan nicht zulässt. Man darf nicht nur erwarten, sondern muss erst einmal investieren, um etwas zu bekommen.

5. Regel: Versuchen Sie unbedingt Mitarbeiter mit Sprachbarrieren in die Kommunikation und Interaktion zu bringen

Mitarbeiter mit Sprachbarrieren haben oft Hemmungen zu kommunizieren. Darum bringen Sie sie stets in die Kommunikation. Achten Sie hier auf eine gute Integration ins Team. Vermeiden Sie aber, dass bei mehreren Teammitgliedern aus einem Herkunftsland die Kommunikation in ihrer Landessprache stattfindet. Das führt zu Missverständnissen im Kollegenkreis und bei den Pflegekunden. Bieten Sie ggf. noch Sprachkurse an.

6. Regel: Sprechen Sie Konflikte stets zeitnah und offen an

Nichts ist so schlimm, wie Vermutungen und Interpretationen, weil man im Dunkeln tappt. Durch fehlende Kommunikation sind Konflikte vorprogrammiert – also nutzen Sie das konstruktive Feedback!

7. Regel: Sorgen Sie für den Informationsfluss

Fehlende Informationen bringen Misstrauen. »Tratsch und Klatsch« sind oft die Folgen. Informationen schaffen Vertrauen. Mit transparenten Zielen lassen sich Methoden finden, wie sie diese auch erreichen.

8. Regel: Setzen Sie sich mit der Karriereplanung des neuen Mitarbeiters auseinander

Die Bemühungen um den neuen Mitarbeiter in der Einarbeitungsphase dürfen nicht mit Bestehen der Probezeit enden. Der Mitarbeiter hat eigene Ziele, die Sie als Vorgesetzter mittragen sollten. Schauen Sie, für welche Laufbahn er sich eignet und helfen Sie ihm, seine Karriereziele zu erreichen!

9. Regel: Führen Sie eine Teamentwicklung durch

Gerade wenn Sie schon einen neuen Mitarbeiter bekommen, sollten Sie investieren und ihn so gut es geht an das Team und die Organisation binden. Wenn es für Sie zu viel Investition bedeutet, rechnen Sie sich aus, wie teuer es wäre, sich wieder auf die Suche nach Mitarbeitern zu begeben. Teamentwicklung nutzt der Organisation, den Teammitgliedern im Rahmen des betrieblichen Gesundheitsmanagements und damit und vor allem – dem Pflegekunden. Denn wie schon anfangs geschrieben: Nur ein identifizierter Mitarbeiter kann Kundenorientierung authentisch leben!

8 Fazit – die gelungene Einarbeitung

Die Methoden zur Umsetzung der Personalentwicklung in Pflegebetrieben und Krankenhäusern bieten eine hohe Bandbreite. Sie lassen erkennen, dass Personalentwicklung bei der Einstellung neuer Mitarbeiter beginnt. Eine Einarbeitung kann dann als erfolgreich angesehen werden, wenn der neue Mitarbeiter am Ende dieses Prozesses die mit seiner Stelle verbundenen Aufgaben beherrscht, Wissens- und Fähigkeitsdefizite ausgeglichen sowie Loyalität zum Unternehmen entwickelt hat und mit der Unternehmenskultur und seinen Werten vertraut ist.

Dieses stellt bei Mitarbeitern aus anderen Kulturen, die auch mit unserer Sprache noch nicht so vertraut sind einen hohen Stellenwert dar. Sie müssen sich in unserer Gesellschaft mit unserer Kultur auseinandersetzen, gleichzeitig aber auch mit der Philosophie der Organisation. Mitarbeiter aus anderen Kulturkreisen bieten dem Unternehmen viele Chancen. Den beschriebenen Herausforderungen innerhalb der Einarbeitung, kann nun frühzeitig begegnet werden.

Der neue Mitarbeiter sollte nicht »ins kalte Wasser geworfen«, unter- oder überfordert werden, sondern eine konstruktive Einarbeitung erfahren, um in Zeiten des Fachkräftemangels den personellen Bestand in den Einrichtungen zu sichern und damit eine professionelle Pflege zu ermöglichen. Ein strukturiertes Einarbeitungskonzept mit integrierten regelmäßigen Feedback-Gesprächen ist als Leitfaden zu empfehlen. Ferner kann die Einarbeitung konstruktiv verlaufen, wenn ein Mentor dem neuen Mitarbeiter zur Seite steht. Er kann durch die regelmäßige Kommunikation mit dem neuen Mitarbeiter Konflikten vorbeugen und Ziele optimieren. Hierdurch wird eine Vertrauensbasis geschaffen. Diese wiederum steigert die Motivation des Mitarbeiters und lässt eine Bindung an das Unternehmen entstehen.

Die mitarbeiterorientierte Einarbeitung sollte das alleinige Ziel der Maßnahme sein. Aus Unternehmersicht sind hier vor allem die Kosten einer adäquaten Einarbeitungsphase im Auge zu behalten. Diese würden bei schlechter Einarbeitung – oder sogar hoher Fluktuation – steigen.

Bei aller Hektik und Stress in der heutigen Zeit hart umkämpfter Märkte, vor allem im Bereich des Personalmarktes, darf der Mensch nicht vergessen werden. Mitarbeiter, die sich mit ihrem Unternehmen identifizieren und die eine Wertschätzung erfahren, sind bereit, neue Wege zu gehen – und zwar mit Ihrem Unternehmen!

Glossar

Brainstorming: In einer heterogenen Gruppe von 5–7 Personen werden von einem Moderator Ideen zu einem »Problem« unkommentiert gesammelt. Jede Idee ist dabei erlaubt. Quantität geht vor Qualität. Erst in einem zweiten Schritt werden die Ideen bewertet.

Commitment: Bindung an das Unternehmen.

Meilensteine: Meilensteine werden im Projektmanagement gesetzt, wenn zu erwarten ist, dass ein besonderes Ergebnis erzielt wird. Einen Meilenstein zu erreichen, ist ein besonderes Ereignis. Es bedeutet, dass ein gewünschter Zustand bzw. ein wichtiges Projektergebnis erzielt wurde, welcher das weitere Vorgehen im Projekt bestimmt.

Metakommunikation: Die Kommunikation über die Kommunikation. Hinterfragt wird der Kommunikationsstil.

Non-Profit-Organisation: Non-Profit-Organisationen sind vorrangig nicht auf Gewinnerzielung, sondern auf die Erhaltung des Gemeinwohls ausgerichtet (z. B. Krankenhaus als soziale Non-Profit-Organisation).

Projektmanagement: Die Gesamtheit der Planungs-, Steuerungs- und Kontrollmaßnahmen, die bei zeitlich befristeten und terminlich vereinbarten Vorhaben anfallen.

Symmetrische Interaktion: Eine symmetrische Interaktion liegt dann vor, wenn die Beziehung der Interaktionspartner auf Gleichwertigkeit der Personen beruht. Die Partner sind ebenbürtig (z. B. sitzen beide Gesprächspartner).

Literaturverzeichnis

Althauser, S. (1982). Entwurf einer Theorie organisationaler Sozialisation. Mannheim: C. E. Poeschel.

Bastian, J.; Combe, A. & Langer, R. (2016). Feedback- Methoden. Erprobte Konzepte, evaluierte Erfahrungen. Weinheim und Basel: Beltz.

Bauer, U., Hurrelmann, K. (2021). *Einführung in die Sozialisationstheorie. Das Modell der produktiven Realitätsverarbeitung* (MpR). (14., vollständig überarbeitete Auflage), Weinheim, Basel: Beltz Verlagsgruppe.

Bruch, H. & Vogel, B. (2009). Organisationale Energie. Wie Sie das Potenzial Ihres Unternehmens ausschöpfen (2. Aufl.). Wiesbaden: Gabler Fachverlage GmbH.

Ebner, M. (2019). Positive Leadership. Erfolgreich führen mit PERMA-Lead: die fünf Schlüssel zur High-Performance. Ein Handbuch für Führungskräfte, Personalentwickler und Trainer. Wien: Facultas Verlags- und Buchhandels AG.

Hug, B. (2003). Die Gestaltung der Arbeit in und mit Gruppen. In: Steiger, Th. & Lippmann, E. (Hrsg.) (2003). Handbuch Angewandte Psychologie für Führungskräfte. Führungskompetenz und Führungswissen. (Band 1; 2. Aufl.), Berlin, Heidelberg und New York: Springer.

Kieser, A. (1985). Einführung neuer Mitarbeiter in das Unternehmen. Mannheim: C. E. Poeschel.

Lenthe, U. (2016). *Transkulturelle Pflege. Kulturspezifische Faktoren erkennen – verstehen – integrieren* (2.überarbeitete und aktualisierte Auflage), Wien: facultas Verlags- und Buchhandels AG

Peterke, J. (2021). Personalentwicklung als Managementfunktion. Praktische Grundlagen und zukunftsfähige Konzepte. (2. Überarbeitete Auflage), Wiesbaden: Springer Fachmedien.

Rauen, C. (o. J.). *Coaching-Lexikon. Fachbegriffe zum Thema Coaching.* Zugriff am 09.10.2024 unter https://www.coaching-report.de/lexikon/schluesselqualifikation.html..

Schulz von Thun, F. (2023). Miteinander reden 1. Störungen und Klärungen. Allgemeine Psychologie der Kommunikation. (61. Auflage), Reinbek bei Hamburg: Rowohlt.

Steiger, Th. (2003). Leistung und Verhalten beeinflussen. In: Steiger, Th. & Lippmann, E. (Hrsg.) (2003). Handbuch Angewandte Psychologie für Führungskräfte. Führungskompetenz und Führungswissen. (Band 1; 2.Aufl.). Berlin, Heidelberg und New York: Springer.

Weinert, A. B. (2015). *Organisations- und Personalpsychologie* (6., neu ausgestattete Auflage.). Weinheim, Basel: Beltz Verlag.

Internetquellen

Dudenredaktion (o.J.). *»Ziel« auf Duden online.* Zugriff am 09.10.2024 unter http://www.duden.de/rechtschreibung/Ziel

Gabler Wirtschaftslexikon (o.J.). *»Mentoring«.* Zugriff am 09.10.2024 unter https://wirtschaftslexikon.gabler.de/definition/mentoring-41572

Personal-Wissen.de (o.J.). Fluktuation: Welche Kosten Ihrem Unternehmen durch Fluktuation entstehen. Zugriff im März 2021 unter https://www.personal-wissen.de/1787/fluktuation-welche-kosten-ihrem-unternehmen-durch-fluktuation-entstehen/

Schwenk, U. (o.J.). *Pflegereport 2030: Die Versorgungslücke in der Pflege wächst.* Bertelsmann Stiftung. Zugriff am 06.11.2024 unter https://www.bertelsmann-stiftung.de/de/unsere-projekte/abgeschlossene-projekte/pflege-vor-ort/projektthemen/pflegereport-2030

Wirtschaftslexikon (2015). *»antizipatorische Sozialisation«.* Zugriff am 09.10.2024 unter http://www.wirtschaftslexikon.co/d/sozialisation-antizipatorische/sozialisation-antizipatorische.htm